新视野·文化遗产保护论丛

博物馆的学术研究

单霁翔 著

图书在版编目（CIP）数据

博物馆的学术研究 / 单霁翔著 .—天津：天津大学出版社，2017.10（2024. 5 重印）
（新视野 · 文化遗产保护论丛 . 第三辑）
ISBN 978-7-5618-5960-5

Ⅰ . ①博… Ⅱ . ①单… Ⅲ . ①博物馆事业—学术研究—中国 Ⅳ . ① G269.23

中国版本图书馆 CIP 数据核字（2017）第 242387 号

策划编辑 金　磊　韩振平
责任编辑 刘　焱
装帧设计 谷英卉

出版发行 天津大学出版社
地　　址 天津市卫津路 92 号天津大学内（邮编：300072）
电　　话 发行部：022-27403647
网　　址 publish.tju.edu.cn
印　　刷 永清县晔盛亚胶印有限公司
经　　销 全国各地新华书店
开　　本 148 ㎜ ×210 ㎜
印　　张 8.25
字　　数 197 千
版　　次 2017 年 10 月第 1 版
印　　次 2024 年 5 月第 2 次
定　　价 58.00 元

自序：把工作当学问做 把问题当课题解

“新视野·文化遗产保护论丛”出版在即，出版社嘱我写一个自序。心怀往昔，愿以时间为轴写出自己简短的感言，希望聚焦有启迪意义的文化历程，也希望表达充满真情实感的“乡愁”。

2011年8月25日清晨接到通知，得知我将要离开工作近10年的国家文物局，到故宫博物院工作。消息突然，没有精神准备。记得当天上午工作日程是在中国文化遗产研究院做专题报告。一路上，近10年来的工作情景在脑海中闪过，想到在走向新的岗位之前，应该对以往工作进行回顾，负责任地进行工作交接，于是到会场后便放弃了已经准备好的多媒体演示内容，改为讲述参与中国文化遗产保护的体会，将近两个小时的畅谈，仍感意犹未尽，充满着回望与寻觅的思绪。

如今看来，当年的工作状态可谓“不堪回首”。就在接到通知那天之前的一周内，还经历了“南征北战”的过程：8月18日在吉林长春为市、县政府领导培训班做文化遗产保护报告；8月20日在西藏拉萨参加中国西藏文化论坛；8月21日在四川雅安参加茶马古道保护研讨会；8月23日和24日在福建福州分别参加全国生态博物馆、涉台文物保护总体规划评审，国家水下文化遗产保护中心福建基地启动，三坊七巷社区博物馆揭牌等活动。

一周数省，这就是当年常态化的工作状况。是什么力量支撑着自己一路前行？除了文物人“敢于担当、乐于奉献”的情结外，恐怕最主要的就是“把工作当学问做、把问题当课题解”的工作方法。不断出现的问题、不断凸现的矛盾和不断涌现的挑战，将时间撕裂成一块块“碎片”，甚至一天之内要进行几次“脑筋急转弯”。如果不能针对闪过的想法及时停下来思考、面对发现的问题及时静下来反思，就会陷于疲于应付、不堪重负的境地。城乡建设大规模展开的时期，必然是文化遗产保护最紧迫、最关键的历史阶段。只有“把工作当学问做、把问题当课题解”，才能在复杂的情况下，夯实基础，居安思危，防患未然；在困难的情况下，深思熟虑，心中有数，底气十足；在紧急的情况下，头脑清醒，敢于直面，坚守底线。

“把工作当学问做、把问题当课题解”的工作方法，需要持之以恒，读书、思考、写作、归纳，早已成为每天的必修课。无论是在考察途中的汽车里，还是在往返的飞机上，抑或是在家中的书桌前，以电脑为伴，将考察的感想、调研的体会、阅读的心得及时记录下来。正是因为这一次次的梳理思绪、深化认识，长期下来，居然积攒下上千万字的记录，包括论文、报告、访谈、提案，林林总总，其中既有“一吐为快”的真实感受，也有“深思熟虑”的肺腑之言，还有“临阵磨枪”的即席表达。将它们汇集起来，既是一个时期实践经验的点滴记载，也是一个时代文化遗产事业的综合纪实，还是一个文化遗产保护工作者不息生命的心灵写作。面对这些海量且繁杂的“原生态”记录，早已萌生出按照内容进行分类归纳的愿望。所幸天津大学出版社伸出援手，以“新视野·文化遗产保护论丛”为名，按照不同内容进行分辑分册，涉及文化遗产保护基础建设、文化遗产保护项目实施和文物博物馆事业发展等诸多方面。

一路走来，吴良镛教授的学术思想始终像一座灯塔照亮我前行的方向。“把工作当学问做、把问题当课题解”，源于吴良镛教授所倡导的“融贯的综合研究”理论框架。就是力图从更广阔的视野、更深入的角度，分析和梳理文化遗产之间的内在联系，探索和建立新的文化遗产类型和相应的保护方式，使制约文化遗产事业发展的重点、难点和瓶颈问题不断得以有效解决。实践证明：文化遗产保护、城市文化建设、博物馆发展，在方法上、尺度上、内容上虽然各有不同，但是三者有着共同的研究对象，三位一体进行“融贯的综合研究”，则可以呈现出中国特色文化遗产保护的新视野。

从1984年进入城市规划部门以来已经30余载，从1994年进入文物系统以来也已经20余年，其间有不少令人难忘的回忆。有幸在职业生涯的最后一站，来到故宫博物院，一方面继续享受紧张工作带来的压力和挑战，另一方面得以将几十年来积累的体会应用于具体实践。今天，更为突出的感受是，只有“把工作当学问做、把问题当课题解”，且加强全程管理，才能使每一项工作都与细节管理挂起钩来，把桩桩件件事情都做得细之又细，才能获得持续发展的后劲。

北京时间2014年6月22日15时19分，从卡塔尔首都多哈传来喜讯，在第38届世界遗产委员会会议上，中国大运河被列入《世界遗产名录》。30分钟后，跨国联合申报的“丝绸之路：长安—天山廊道的路网”也顺利通过评审。作为大运河和丝绸之路保护与申报的参与者和见证者，我格外激动和自豪。2015年5月5日，从文化遗产保护现场又传来好消息，世界文化遗产——大足石刻千手观音造像抢救性保护修复工程竣工，看到“前方”传来修复后的美轮美奂的千手观音造像影像，我激动不已。回想2008年“5·12汶川大地震”后的第8天，我们从四川地震重灾区赶到重庆大足，看望已经800岁高龄的千手观音造像，看到早已满目疮痍的文物本体又被地震殃及，当即决定开展抢救保护工作，将其列为石窟类保护的“一号工程”，如今千手观音造像再现“慈祥的微笑”，我们也得以功德圆满。的确，每当昔日的努力成就今日的收获，都是文化遗产保护工作者最幸福的时刻。

2006年6月10日，我们曾以无比喜悦的心情迎来了中国第一个“文化遗产日”。10年的奋争，10年的坚守，10年的耕耘，10年的收获。再过半个多月，我们又将以无限期待的心情，迎来中国第十个“文化遗产日”。谨以“新视野·文化遗产保护论丛”献给这一节日，献给长期以来用智慧和汗水呵护文化遗产的文博同人，祝愿祖国的文化遗产永葆尊严；献给长期以来用真情和热心关注文化遗产的社会民众，祝中华文化遗产事业蓬勃发展。

2015年5月25日

目录

在中国古陶瓷学会年会上的讲话

（2004 年 10 月 24 日）

江西景德镇中国古陶瓷学会年会

中国古陶瓷学会 2004 年年会在江西省景德镇市召开，请允许我代表国家文物局向大会表示衷心的祝贺，向各位专家、学者，特别是远道而来的各国朋友们表示热烈的欢迎。

中国是世界文明古国之一，连绵不断的五千年历史给我们留下了众多弥足珍贵的文化遗产。陶瓷是人类文明历史的重要见证，中国的陶瓷业历史悠久，丰富的古陶瓷遗址、遗迹已成为文化遗产的重要组成部分。千年瓷都景德镇是我国首批公布的中国历史文化名城之一。景德镇文物丰富，特色鲜明，保存了大量的古陶瓷作坊、窑址遗迹和馆藏珍品。近年来，考古发掘不断取得新成果。最近，景德镇发掘的御窑遗址又出土了大量的官窑遗物，为这一领域的学科研究提供了可靠的实物依据。

中国古陶瓷学会是国家文物局管理的学术团体，凝聚了一大批著名的专家、学者，多年来他们为古陶瓷的保护和研究辛勤工作，做出了重要贡献，成为促进政府和民间保护文物的一支有生力量。昨天，全国文物宣传教育工作会议在南昌召开，会议对加强文物宣传和加大文物博物馆教育培训做出部署。文物事业的发展需要大量文物博物馆人才，但是目前文物博物馆队伍远远不能适应这一事业的发展，特别是传统技艺传承青黄不接，后继乏人，我希望在座的各位专家、学者，在人才培养方面献计献策，继续做出贡献。

今天大家济济一堂，进行相互学习和交流，共谋这一学科的发展。希望通过此次会议，使我国古陶瓷保护和研究工作开创一个新局面，迈上一个新台阶。

在“指南针计划——中国古代发明创造的价值挖掘与展示”专项专家论证会上的讲话

（2006 年 4 月 21 日）

首先，我代表国家文物局向今天莅临论证会的各位专家表示热烈的欢迎，向你们对文化遗产保护工作的支持表示衷心的感谢。同时，对大家长期以来对文化遗产事业所做出的贡献表示由衷的敬意。下面我先向大家汇报一下“指南针计划——中国古代发明创造的价值挖掘与展示”专项的项目背景情况。

2003 年，中央领导在视察河南省博物院、四川三星堆博物馆等文物、博物馆单位时发表了重要讲话，强调博物馆工作“要贯彻‘三个代表’重要思想，努力贴近实际、贴近生活、贴近群众，增强为观众服务的意识，加强博物馆陈列展览的知识性、趣味性、观赏性；要加强文化遗产的价值挖掘，重视中国古代发明创造的研究与展示”。为贯彻这一重要指示，国家文物局在《文化遗产保护中长期科学和技术发展规划纲要》和《文化遗产保护科学和技术发展“十一五”规划（2006—2010 年）》的研究制定工作中，把“文化遗产调查评估的科学行动”作为首要任务，将“中国古代发明创造的价值挖掘与展示”列为六大重点专项之一，并着手开展了项目的预研究工作。

2005 年，国家文物局在项目预研究的基础上，正式提出了在全国开展“中国古代发明创造的价值挖掘与展示”专项的构想，并将此专项命名为“指南针计划”。目前，“指南针计划”项目可行性研究报告及整体实施方案的编制工作已经完成。“指南针计划”是一项时间跨度长，涉及范围广，工作任务重，涉及文化遗产、科学技术、国民教育等诸多方面的国家重大计划项目；是以促进国家自主创新和文化遗产保护为目的，局部重点突破带动全面整体提高的战略性引导项目；是文物部门贯彻落实全国科学技术大会精神，为建设创新型国家服务的重要举措。

关于为什么由国家立项实施“指南针计划”，我想借此机会向大家作一简要汇报。

一、实施“指南针计划”是弘扬民族文化、振奋民族精神的重要战略举措

我国丰富的文化遗产是中国人民伟大的智慧与创新精神的生动实证，并为世人所公认。英国李约瑟博士曾指出，“中国古代的发明和发现往往超过同时代的欧洲，特别是15世纪以前更是如此，这可以毫不费力地加以证明”，“在3—13世纪，中国保持了一个让西方望尘莫及的科学知识水平”。通过“指南针计划”的实施，对于弘扬中华民族优秀文化，培育和增强民族自豪感和自信心，振奋民族精神，激发自主创新能力和爱国、报国热情，具有重大的历史意义和现实意义。

二、实施“指南针计划”是维护世界文化多元化和国家文化安全的紧迫任务

当今世界经济全球化、一体化趋势明显加快，文化的相互冲突不断加剧。一段时期以来，针对文化遗产归属权、古代发明创造权

的争论在国际社会此起彼伏，都与国家文化安全有或隐或显的关联。"指南针计划"的实施，有利于探明我国古代发明创造的起源与发展脉络，捍卫以"四大发明"为代表的一系列中国古代发明创造的归属权，增强国际社会对中华文明的认知与认同，推动中华文化走向世界。

三、实施"指南针计划"是自主创新发展战略的有机组成部分

纵观中国历史，自主创新成果层出不穷：河姆渡发现的木建筑构件，把人类应用榫卯技术的历史提早到7000年以前；秦始皇兵马俑坑出土的青铜兵器，其表面经过铬盐氧化工艺的处理，这种防锈技术直到20世纪中期欧美国家才申请专利；大运河的水利河运技术，隋大兴唐长安城的城市规划建设，长城、海防工程的军事工程设计等，均与其时代背景和环境密切相关。通过系统总结中华民族社会生产、生活等诸多领域的发明创造及其产生的历史背景、社会背景、人文科技环境，重新审视我国古代科技创新的辉煌历程，有利于建立和营造当今自主创新的科技体制、教育体制和社会环境，激发国民的聪明智慧，提高全民族的整体创新能力。

为了进一步保障项目决策的科学性和可行性，我们计划通过此次专家论证会，充分听取各位专家对"指南针计划"可行性研究报告及整体实施方案的宝贵意见和建议。希望大家不吝赐教，建言献策，同时也希望在项目立项实施过程中，继续得到大家的关心、帮助与支持。

关于建议将博物馆纳入国民教育体系的提案[①]

（2007 年 3 月）

以保护、研究、展示和传播人类生存及其环境物证为使命的博物馆，是人类文明记忆与传承、创新的重要阵地，主要通过实物传播思想、知识和文化，具有生动直观、参与互动、寓教于乐的特点，以自身鲜明的个性魅力和深厚的内涵吸引公众，成为公众特别是青少年感知历史、认识现在、探索未来的重要文化殿堂，是营造学习型社会的重要手段和途径。为青少年教育服务一直是博物馆的一项重要使命。2006 年，国际博物馆协会还将“5·18 国际博物馆日”的主题确定为“博物馆和青少年”。

博物馆事业较为发达的国家，都是在政府主导下，无一例外地将博物馆作为重要的教育资源和阵地而加以运用。如意大利制定的《文化遗产和景观法》规定，该国遗产部、教育大学研究部及各地方政府组织，应当缔结协定，协调博物馆等文化机构和场所，与属于国家教育系统的各种类型和水平层次的学校缔结特别协定，为学校教育提供教学资源和发展教学节目，传播文化遗产和科学知识，促进学生的全面发展。由此，教育部门将博物馆纳入教学体系，学

① 此文为在全国政协十届五次会议上的提案，联名提案人：夏燕月　董良翚　李致忠　阿拉泰　潘虹　吴祖强　艾青春　谭利华　刘锡津　吴雁泽　张平　魏明伦　滕进贤　莫德格玛　耿其昌　吴贻弓　李双江　张会军　克里木　徐启雄　马博敏　鲍国安　黄蜀芹　王兴东　潘震宙　高占祥　王铁城　李谷一　陈钢　冯小宁　黄宏　王馥荔　濮存昕　叶惠贤　杨伟光　张贤亮　陈晓光　王蒙　李延声　舒乙

校和教师将组织学生参观博物馆、在博物馆开展有关课程教学活动等列入教学计划，学校和博物馆、师生和博物馆之间，形成了良好的互动关系。博物馆的社会教育和服务作用得到了有效而充分的发挥。

第六届博物馆教育·北京论坛

我国目前有 2300 多座博物馆，其社会教育和服务功能日益凸显，仅文物系统就有 1000 多座博物馆、纪念馆被列为爱国主义、科学普及等方面的教育基地。这些博物馆、纪念馆制定基地建设规划，与当地宣传、教育部门和共青团组织建立经常联系，充分发挥自身优势，采取优待参观、培训义务讲解员、送展上门、举办冬夏令营、有奖征文、知识竞赛等丰富多彩的活动形式，积极弘扬祖国的优秀文明，宣传爱国主义和革命传统，传播科技知识，使越来越多的青少年学生和人民群众通过博物馆、纪念馆的实物课堂受到深刻、生动的教育。据不完全统计，2005 年，文物系统的博物馆接待青少年观众3300万人次。但从总体上看，与国际先进水平相比，我国博物馆在参与国民教育的深度和广度上存在较大差距(美国博物馆的年观众量是其人口总量的三倍)，亟须采取有效措施，创新方法、形式和内容，充分挖掘潜力，大幅提升博物馆为青少年教育服务、为公共教育服务的水平和质量。

博物馆教育作用的有效发挥，离不开社会各界特别是有关行政部门的大力支持和通力协作。《国务院关于加强文化遗产保护的通知》指出，“教育部门要将优秀文化遗产内容和文化遗产保护知识纳入教学计划，编入教材，组织参观学习活动，激发青少年热爱祖国优秀传统文化的热情”，并培养青少年参观博物馆的习惯。中央关于加强未成年人、大学生思想道德建设的战略部署，以及《全民科学素质行动计划纲要》《基础教育课程改革纲要》和爱国主义教育基地“一号工程”“五三三工程”、《2004—2010年全国红色旅游发展规划纲要》的实施，都强调要充分发挥博物馆的社会教育和服务功能。因此，建议有关部门进一步重视博物馆的资源和阵地作用，研究建立博物馆参与国民教育体系，特别是把利用博物馆开展教学活动纳入中小学生教育体系方面的长效机制，引导建立有效的馆校联系制度，实现博物馆教育与学校教育的有效衔接，使博物馆真正成为青少年课堂教育的必要补充和校外教育的重要内容，并为营造“学习型社会”提供更好的服务。

关于启动国家数字博物馆工程的提案[①]

（2008 年 3 月）

随着经济全球化、政治多极化的曲折发展，以及信息技术和互联网技术的高速发展，当今世界综合国力的竞争和各种思想文化的相互激荡日趋激烈，发达国家凭借其经济实力、高新技术和营销网络，不遗余力地加紧文化领域的渗透和扩张。国际文化信息资源的竞争，既是经济利益的竞争，也是国家意识形态和民族文化生存的竞争，涉及国家文化安全。面对这一严峻形势，实施国家数字博物馆工程项目，运用现代网络技术等手段，传播中华民族的优秀传统文化，有利于维护文化多样性，有利于提高我国的文化竞争力，有利于增强文化的认同感、归属感和自豪感。

党中央、国务院领导高度关注互联网文化建设与管理工作。胡锦涛同志在中共中央政治局第 38 次集体学习时强调“要提高网络文化产品和服务的供给能力，提高网络文化产业的规模化、专业化水平，把博大精深的中华文化作为网络文化的重要源泉，推动我国优秀文化产品的数字化、网络化，加强高品位文化信息的传播，努力形成一批具有中国气派、体现时代精神、品位高雅的网络文化品

① 此文为在全国政协十一届一次会议上的提案，联名提案人：杜滋龄　张和平　王书平　韩书力　耿其昌　孙丽英　尼玛泽仁　杨力舟　郭瓦加毛吉　陈力　仲呈祥　陈立德　宋祖英　秦百兰　宋春丽　夏燕月　张学津　张健　覃志刚　田军利　崔建华　阿拉泰　李素华　徐翔　傅磬　汪文华　吴祖强　冯英　刘敏　黄宏　赵秀云　侯露　董良翚　赵维绥　王立平　冯骥才　范迪安　张廷皓　王川平　李世济　冯小宁　王成喜　杨春霞　张海

牌”；李长春同志关于“要推进数字博物馆工程，建立‘数字化博物馆’，更大限度地使博物馆向全社会开放，实现文物资源共享，改善文物展示手段，满足人民群众物质、精神、文化生活需要”的指示精神，为实施国家数字博物馆工程提出了明确要求。

数字圆明园座谈会

数字博物馆在 20 世纪 90 年代开始兴起，各信息科技大国和重视文化传统的国家都非常重视数字博物馆的建设和推广工作。美国自 1990 年开始先后实施了“美国记忆（American Memory）计划”、国家信息基础设施——数字化博物馆和图书馆、“虚拟遗产网络”多个重大项目。加拿大于 1995 年全面启动本国“遗产信息网络”的建设，2001 年启动“加拿大虚拟博物馆”的建设。欧洲的卢浮宫和大英博物馆等著名博物馆，也纷纷挑选精美藏品进行数字化处理和多媒体展示。2002 年，建立了“欧洲文化遗产网络”。日本先后实施了“全球数字博物馆计划”和“此世代典藏系统研究与发展计划”。

数字博物馆的发展理念也经历了展现（数字化保存和在线展示

藏品）、重构（再现已消失或已演变的文化遗产）、替代（数字化还原历史面貌）、再藏（通过网络整合馆际收藏）等四个阶段。我国国家数字博物馆建设，将以“再现”与“再认知”为理念指导，以“整合”“共享”“联盟”“创造”为行动指南，立足于推动超越时空的文明对话，通过真实的历史再现和互动参与、体验、启发，重现中华传统文明的辉煌，实现对中华文明的再认知，这也必将是国际数字博物馆发展理念上的重大突破。

国家文物行政部门自 2006 年起开始了项目前期的筹备工作，在充分征求专家意见的基础上，就项目定位、建设内容、运行模式和管理进行了深入的可行性研究。在财政部的支持下，组织完成了第一至五批 1271 处全国重点文物保护单位记录档案归档、维修状况调查和馆藏文物腐蚀损失调查，以及正在开展的国有馆藏珍贵文物数字信息采集、长城资源调查、流失海外文物调查、全国文物地图集编撰等多项基础性工作，特别是正在开展的第三次全国文物普查，必将为启动国家数字博物馆工程项目建设提供丰富的数据资源。同时，各级文物博物馆单位已在互联网上开通了 1000 余家网站。

综上所述，建议在已有相关工作成果的基础上，国家财政增设国家数字博物馆工程专项，积极推动此项国家信息化建设重点项目的组织实施，为“推动社会主义文化大发展大繁荣”和“让人民共享文化发展成果”创新方法和途径，创造世界级网络文化品牌。国家数字博物馆工程将以先进的信息技术和网络技术为支撑，以中国文物信息咨询中心为平台，集数字化展示、研究与交流、教育与培训、数字产品开发等功能于一体，重点开展文化遗产数据库（群）及文化遗产档案库、文化遗产数字展示、文化遗产研究与交流、文化遗产教育与培训、文化遗产数字产品开发和博物馆网络联盟等建设工作。

关于增加文物博物馆机构正式出版物的提案[①]

（2008 年 3 月）

改革开放以来，我国文物博物馆事业进入快速发展阶段。文化遗产保护立法进程加快，各级文物保护单位和世界文化遗产的数量不断增加，重大基本建设工程中的文物保护任务繁重，各级各类博物馆建设达到高潮，文化遗产科学技术保护成果不断涌现，广大民众鉴赏收藏文物艺术品热情高涨。面对这一形势，文物博物馆工作者努力将自身工作融入社会，使广大民众及时了解文化遗产保护的新知识、新趋势、新进展。

学术研究是文物博物馆机构开展一切活动的前提，是履行好自身职责的保障，是衡量文物保护水平和博物馆工作质量的重要指标，同时也是传播文化遗产知识的重要途径。随着市场经济的发展，文物博物馆机构与相关行业的联系日益紧密，融入社会的趋势显著。例如博物馆实施免费开放以后，博物馆的社会关注度日益提升，公众对博物馆的期望值日益提高，社会参与博物馆建设的热情也日益高涨。公众对文化遗产和博物馆的兴趣以及对文物收藏研究的爱好，为文化遗产事业的发展提供了机遇。文物博物馆机构应该积极引导、

① 此文为在全国政协十一届一次会议上的提案，联名提案人：吕章申　高延青　王川平　安家瑶　詹祥生　张廷皓　苏士澍　余辉　张和平　张学津　耿其昌　周岚　张桃林　王瑞珠　崔建华　胡珍　韦建桦　李羚　王霞　杨一奔　薛康　林国文　刘志强　周和平　王明明　何家英　龙瑞　陈国星　边发吉　吴晓青　龙国键　张俊芳　张柏　赵维绥　张平　郑欣淼　韩方明　杜玉波

整合社会力量参与自身的科研工作，在借助外智促进研究水平提升的同时，使公众在参与中感受文化遗产的独特魅力。

北京国际书展故宫出版社展位

文物博物馆刊物是文化遗产保护研究工作的重要载体，是传播文化遗产保护理念和博物馆文化的重要阵地，是文物工作者、专家学者与社会公众进行思想沟通和信息交流的重要平台。随着文化遗产概念的逐渐扩展，高等院校文化遗产专业和博物馆学系相继建立，文化遗产保护专业队伍建设不断加强，文化遗产学术研究活动日趋活跃，研究领域不断拓展。各级文物行政部门、考古研究机构、博物馆通过正式刊物、学术著作、非正式刊物、工作简报等的出版发行和内部交流，集聚了一大批从事文化遗产保护研究的专家学者，同时在沟通信息、介绍动态、增进了解、开阔视野、启迪智慧、指导工作、培养人才、开展学术研讨、促进学科建设等方面发挥了积极作用。特别是一批质量上乘、见地深刻的学术著作的出版，以及像《文物》《考古》《中国博物馆》《中国历史文物》等核心学术期刊的连续发行，有力推动了文化遗产保护理论研究的深入，成为全国文物博物馆工作者的必读刊物，并为国内外著名大学和相关研究机构所收藏。

但是，从文物博物馆系统期刊的整体来看，由于受国家新闻出版有关规定的限制，列入国家正式出版物的文物博物馆刊物为数不多，特别是一些文物大省和国家重点博物馆所办期刊，迟迟得不到合法身份。文物博物馆工作者撰写的大量学术论文和工作研究文章不能得到有效传播。这不仅影响了文化遗产热点、焦点问题研究成果的时效性，不利于难点问题的学术争鸣，更不利于文物博物馆刊物向大众传播文化遗产知识作用的有效发挥。这一状况，与满足社会各界参与文化遗产保护学术研究的需求不符，与促进国内外文物博物馆学术交流的需要不符，与提高文物博物馆专业人员学术水平的需求不符，也与推动文物博物馆事业发展的要求不符。

文物博物馆机构应该是文化教育中心，而不应该仅仅是文物收藏中心。事实证明，如果缺乏文化遗产知识的广泛普及，文化遗产保护将难以得到社会公众的自觉支持。因此，文物博物馆刊物出版发行不仅应是文化遗产保护的应有内容，而且其重要性应更加强化，成为文化遗产事业的一项重要使命。特别是在博物馆免费开放以后，博物馆主办的学术刊物还将承担更多与公众交流的任务，成为博物馆贴近实际、贴近生活、贴近群众的重要平台，以数量多、品种全、特色鲜明、主旨突出的方式向社会公开发行，满足人民群众日益增长的精神文化需求。

为此，建议国家新闻出版总署能够充分考虑全国文物博物馆系统的专业特点和实际需求，为有条件的文物博物馆机构增加学术刊物的公开刊号，使文物博物馆刊物走出系统人员自编自看的“内部连续性资料”的封闭境地，走进社会，走向大众，在传播和弘扬我国优秀文化遗产、提高全民文化遗产保护意识、推动文物博物馆学术研究进程等方面发挥积极作用，使广大民众共享更多、更好的精神文化产品。

关于博士论文写作的体会

（2009年9月19日）

博士论文写作是攻读博士学位的一项重要工作，是前一阶段学习的深入，是更高层次的学术研究和学术训练过程。博士论文成果要有理论创新意义，要有利于研究成果转化。同时，博士论文成果要反映出端正的学术品德、广博的基础知识积累和扎实的专业理论水平。

一、关于博士论文选题

论文选题是博士论文写作的第一步，是重要的起点。因与撰写一般学术文章不同，博士论文的写作要付出更多的时间和精力，为了避免“走弯路”，需要慎重地选择论文的题目。

首先，论文选题要有较高的理论价值和学术意义。经过努力研究，能够在理论上有所创新，甚至可以对相关学科的发展有所贡献。一般来说，博士论文选题不宜过大或过小，好的选题往往是“小题大做”，一些论文题目虽然看似小，但是经过深入研究可以达到一定的深度和厚度，即所谓“小题目、大文章”。这样不仅有利于充分发挥，做深做透，而且易于控制论文内容，使研究成果比较坚实。

其次，由于文化遗产领域的研究具有很强的应用性，因此，论文选题还应该考虑所研究问题的实践意义和实用价值。一般要选择前人没有涉猎过的课题或过去虽然有过一些研究成果，但是需要从新的角度进行思考的课题，使论文选题具有独创性和新颖性，使研究成果具有开拓性，并有利于研究成果及时转化。当前保护事业正处于重要转型期，即从“文物保护”向“文化遗产保护”转型，例如关于新型文化遗产保护方面的研究，同时，博物馆事业也正在从“数量增长”向“质量提升”转型，这些都为确定具有创新意义的论文题目提供了更多的选择机会。

再次，论文选题要充分考虑自己的专业背景，利用好已掌握的基础理论知识，发挥出自己的专业特长。如果随意选择一个热门的课题，但是对于本人来说是陌生的领域，即使这个论文选题具有较高的理论价值和实践意义，但是由于时间紧迫和日常积累不足，写作起来不免吃力，不一定能够取得预期成果。同时，如果论文选题适合自己的专业，也有利于和日常工作相结合，相互促进。

最后，要尽量选择对自己有长久研究价值的论文选题。博士论文毕竟是阶段性的研究成果，应该成为自己在这一领域深入研究的新起点。因此，力争论文选题具有前瞻性，具有实施后续研究的张力，以便日后继续深入持久地开展这一领域的研究。

总之，既具有较高的理论价值，又具有较强的实践意义，也符合自己的专业特长，还有利于开展持续研究的论文选题，才是好的论文选题。

二、关于博士论文准备

要把查阅文献资料和阅读贯穿整个论文写作过程。通过查阅文献资料，了解相关学科现状和动向，特别是准确查阅并汇总与本人论文选题相关领域的已有研究成果，判断其学术价值和不足，予以科学综述，为尽早确定本人的课题方向和博士论文可能的创新点提供依据和帮助。在阅读方面，要扩大阅读面，包括专著、文献、核心期刊、学报等，注重积累，打牢功底。要认真选择重点阅读书籍，有条件的情况下，阅读外国学术原著，便于进行比较研究。

文化遗产保护和博物馆学逐渐成为社会关注的一门显学，涉及大量人文科学和自然科学领域的知识，特别是近年来这方面的论著、论文浩如烟海，而博士论文写作过程的时间和精力却十分有限，纵然苦读不懈，也难以全部涉猎。因此要突出主题，抓住重点，在广泛了解各类相关知识的同时，集中精力重点阅读与博士论文研究方向有关的重要论著，对于经典著作要深入钻研，力求精通。

一般在完成博士生课程学习后，在正式进入学位论文研究阶段前，需要通过博士生资格考试，同时完成论文选题报告。论文选题报告一般包含文献综述、选题背景及其意义、研究内容、工作特色及难点、预期成果及可能的创新点等方面的内容。

三、关于博士论文写作

要把博士论文的写作过程看作规范的学术训练过程。博士论文作为学术成果，其书写应该符合学术作品的公共规范，同时为了方便今后他人的查阅，书写也需要符合一定的格式要求。学位论文一般包含封面、摘要、目录、正文、参考文献、致谢与声明、附录、个人简历、在学期间发表的学术论文及研究成果等。

博士论文要单刀直入，直奔主题，切忌贪大求全，四面开花。应努力以平易通俗的文字、平实亲切的笔触、可触可感的事例、简洁明快的结论以及形象生动的图表阐述自己的理论观点。博士论文应当做到：立论正确、言之有理、理论性强；层次分明、逻辑严谨、说明透彻；数据可靠、文字凝练、行文流畅。同时应当做到语言生动，言之有趣，但是尽量避免使用文学性质的或带有感情色彩的非学术性语言。论文中如出现非通用性的新名词、新术语或新概念，需随即解释清楚。这些要求虽然较高，但是应该作为经过刻苦实践和努力争取而达到的目标。

引用学术文献要规范，要重视注明引文的出处，这是学术论文写作中应当遵循的基本规则。学术成果来自一代又一代的积累，因此，一般情况下，任何论文的观点和论据都不可能全部是自己的创新，部分甚至某些重要观点或论据，引用其他人的成果是允许的。但是，引用别人的思想、观点或论据，必须注明，注释不得含糊。这样既体现出对他人成果的尊重，也便于评阅人和读者了解论文材料及观点或论据的出处和来源。学术研究虽然总是在吸收前人已有成果的基础上更上一层楼，但是，学术材料的引用也应该把握尺度，不能不加节制地过度引用，这也是学术规范的一个基本要求。

在博士论文写作过程中，要有意识地及时发表阶段性的研究成果，接受同行的指点，为最后形成出色的博士论文打好基础。

在学习的过程中，要刻苦学习、锲而不舍、追求真理、关心社会，要始终保持饱满的学习热情、积极的进取精神以及良好的身体状况。同时，要妥善处理工作与学习的关系，妥善安排好时间，集中精力完成学业，完成一部高水平的优秀博士论文。

博物馆的社会责任与社会教育[①]

（2010年12月28日）

教育是民族振兴的基石。博物馆凝聚着人类文化遗产的精华，体现了人类历史发展的进程，展现着人类整体文明与智慧。将博物馆纳入国民教育体系，符合世界博物馆发展潮流，既是博物馆履行其教育使命的需要，也是完善我国现代国民教育体系、建设学习型社会、形成终身教育体系的必然要求。因此，努力发挥博物馆教育资源的独特优势，推动博物馆与学校教育、社会教育的紧密结合，组成更加健全的社会教育网络，对于普及科学文化知识、提高全民文明素质具有十分重要的意义。

一、完善博物馆的教育体制

1880年，美国学者詹金斯（Jenkins）在其《博物馆之功能》一书中明确指出：博物馆应成为普通人的教育场所。1906年美国博物馆协会成立时就宣言“博物馆应成为民众的大学”。从实践角度来看，在美国，所有博物馆的建馆宗旨都包含教育这一项内容。1984年美国博物馆界名著《新世纪的博物馆》中，对博物馆的教育意义有如下描述，若典藏品是博物馆的心脏，教育则是博物馆的灵魂。1990年，美国博物馆协会在解释博物馆的定义时，将“教育”

① 此文发表于《东南文化》，2010年第6期，第9页。

与“为公众服务”并列视为博物馆的核心要素。该协会首席执行官E.H. 埃博 (E.H.Able) 认为，“博物馆第一重要的是教育，事实上教育已经成为博物馆服务的基石”[①]。美国长期以来十分重视艺术教育，例如哈佛大学从很早开始就要求其政治、法律、商业等专业的学生必须选修音乐、艺术、文学等限制性选修课，使其毕业后无论从事政治、法律还是商业，均具有较高的文学、艺术修养，他们不仅经常在博物馆的氛围中受到熏陶，而且掌握自我鉴赏艺术作品的方法。不仅如此，美国的绝大部分博物馆和美术馆都有着力量强大的教育部门。这些教育部门除了拥有固定的有着高学历的教育及艺术史背景的专职人员，同时还拥有庞大的志愿者团队，针对不同文化背景的参观群体和个体观众，采取个性化的阐释及解说方法。

国际社会高度重视博物馆在国民教育，特别是学校教育中的作用。1960 年联合国教科文组织《关于博物馆向公众开放最有效方法的建议》指出，“博物馆与广播、电视服务机构以及企事业单位之间亦应建立或增进合作，以便使博物馆展览能在最大限度的安全保障之下为成人教育及学校教育所用”。“对于博物馆为学校和成人教育所能做出的贡献，应予以承认并给予鼓励，这应通过设立适当的机构进一步系统化，这些机构负责在地方教育部门负责人与那些因其藏品性质而对学校特别重要的博物馆之间建立正式和定期的联系。这种合作，可采取以下形式：一是各博物馆可在其本身职员中配备教育专家，以便在业务部门主管的监督下利用博物馆组织以教育为目的的活动；二是博物馆可成立教育部门，并约请教师提供服务；三是为确保博物馆最充分地用于教育目的，可建立地方、地区及省一级的业务部门主管与教师的联合委员会；四是能够协调教育需求

① 王宏甲：《张謇与中国近代第一城》，载《文化月刊》，2007（7），6 页。

与博物馆资源的任何其他博物馆”[①]。2007年新的《国际博物馆协会章程》中对原有博物馆定义进行了修订，其中最重要的变化之一，是将“教育”调整到博物馆功能的首位。

文化遗产保护发达国家普遍将博物馆纳入国民教育体系、服务学校教育，并由政府给予充分的政策和财政保障。这些国家的博物馆，普遍设立公众教育部或教育服务部，创造了许多值得借鉴的做法。一些国家政府制定法规，明确将博物馆纳入国民教育体系的内涵及要求，即将博物馆纳入国民教育体系主要是为青少年教育服务，重点是纳入义务教育体系，通过制定有效的政策措施，切实使博物馆文化融入中小学校教学计划。例如意大利《文化遗产和景观法》规定，意大利文化遗产部、教育大学研究部及各地政府，应当缔结协定，协调博物馆等文化机构和场所，与属于国家教育系统的各种类型和水平层次的学校缔结特别协定，博物馆有义务为学校提供有偿借用的图片、幻灯片、标本和模型等教学参考材料，传播文化遗产和科学知识，促进学生的全面发展。日本《博物馆法》源于日本《社会教育法》，规定“博物馆是对历史、艺术、民俗、产业、自然科学等有关资料进行收集、保管，为辅助教育而向大众开放展示，以促进教育、调查研究、娱乐等而举办必要活动的机构”。为便于博物馆教育功能的发挥，同时规定博物馆归属于都道府县教育委员会管理。法国、西班牙、荷兰、丹麦等国的博物馆法也都有将博物馆纳入国民教育体系的类似规定。

欧盟国家的公立博物馆对本国及欧盟其他国家所有18岁以下和65岁以上人群以及组织参观的学校教师、导游免费开放，对其他

① 郝黎：《从若干博物馆实践看博物馆教育》，见《携手2010：宁波国家博物馆高峰论坛论文选辑》，1页。

人群优惠开放，尽可能地扩大博物馆的社会教育范围。英国博物馆界普遍认为，博物馆与观众的关系不应该是施教者与受教育者的关系，而应该是一种平等互动的关系，在这种理论和观点的影响下，许多英国博物馆正在朝着激发观众学习兴趣、引导观众进行学习的角色转换，即博物馆教育由教育向学习的转变。例如大英博物馆的教育部已经改名为学习部。英国的博物馆通常会根据观众类型的不同，例如个体观众、成人参观团队、家庭参观团队、教育参观团队和有特殊需要的参观群体，而制定不同的教育方案和配套的服务措施。在奥地利，维也纳市教育局专门设有艺术教育专员，负责博物馆与学校的联系。教育局不仅同维也纳所有的博物馆都建立了联系，与附近下奥地利州的各博物馆也都广泛建立了联系。每个博物馆有了新的展览，都会用电子邮件等形式，将展览内容发送给教育局，由艺术教育专员与博物馆联系，进一步了解情况，并商量优惠办法。然后由教育局向各学校和有关专业课教师转达相关信息，建议组织学生参观。参观的具体安排，则由学校教师同博物馆直接联系。

世界遗产青少年教育对于文化遗产在未来城市文化发展中的价值实现，具有前瞻性和引导性的价值。1994 年，为了鼓励和教育青少年关心世界遗产，联合国教科文组织世界遗产中心和联系学校项目网络，共同发起被称为“年轻人参与世界遗产保护和发展”的区域性世界遗产保护项目。该项目的核心内容就是在 90 个国家的 300 多所中学中将世界遗产教育纳入学校的教学课程之中。到目前为止，这一教学网络已覆盖了 5000 多所学校。2002 年 8 月，在苏州“中国世界遗产国际青少年夏令营”活动中，诞生了我国第一批“帕特里莫尼托”（Paterimonito）即“世界遗产青少年保卫者”。2004 年 7 月，苏州第 28 届世界遗产委员会会议期间，参加“世界遗产·中国论坛”的与会代表，共同讨论通过了《世界遗产青少年教育苏州宣言》，宣言指出“让全世界所有青少年均接受世界遗产教育，确立保护世界遗产的意识，自觉担负起保护世界遗产的责任”，并呼吁世界各国政府、机构、团体和协会采取联合行动。这一宣言通过后，我国教育部门正式把“世界遗产教育”纳入中学历史教学。目前，我国已有部分省市在中学历史学课程中设立了“世界文化遗产荟萃”选修课，这是一项向广大中学生宣传和普及世界遗产知识及其保护理念的重要举措。

在我国，100 多年前，我国最早引进与兴办博物馆，实则以教育为上，将博物馆纳入为教育服务的范畴，强调其为教育服务的功能。从中国人自己创办的第一座博物馆南通博物苑开始，我国博物馆界就以传播知识、教育公众为己任。“事实上，从张謇开始，中国人对博物馆的最初认识就是教育，张謇办博物馆就是以教育为目的的。那个时期对博物馆认识最深刻的有两个人。蔡元培认为，博物馆是重要的社会教育机构。杨钟健认为，博物馆相当于若干个大学”[①]。1912—1949 年我国的博物馆曾隶属于教育部门管理，为学校教育做出积极贡献。甚至当时许多省在创办博物馆时都定名为教育博物馆，例如甘肃省博物馆的前身就是 1939 年中英庚子赔款董事会组建成立的甘肃科学教育馆。今天看来，当时国人对博物馆功能的理解和定位十分准确。如今，国内博物馆界也越来越明确，博物馆的功能就是为教育、欣赏和研究的目的而进行展示收藏。“这正是对最初博物馆建设理念的回归”[②]。中华人民共和国成立后，国家日益重视博物馆在国民教育体系中的作用，博物馆服务学校教育的功能得到不断加强。早在

① 黄琛：《漫谈博物馆宣教服务体系建设》，载《中国文化报》，2008-07-04（6）。
② 吕天璐，乔欣：《博物馆的首要功能是教育》，载《中国文化报》，2009-07-21（6）。

1956年提出的“三性二务”理论中，即明确了博物馆的“文化教育”职能，这一定义在之后的数十年内日臻完善。20世纪80年代以来，虽然传统的博物馆观念一直处于变革之中，但“教育”这一职能始终未变，并在21世纪得到全社会更广泛的关注。

江苏南通“中国近代第一城”展览

今天，在学校教育主要是应试教育的情况下，很多学校都没有把博物馆视为教育机构，存在着制约博物馆纳入国民教育体系的一系列现实问题。一是长期以来，各级政府及有关部门对博物馆教育功能的认识不到位，一直未能把博物馆当作必不可少的教育资源纳入教学体系，博物馆文化一直游离于教学体系之外，缺乏将学校教育与博物馆教育有效衔接的意识。在现行九年普及教育的课程内容中，有关博物馆的知识非常有限，中小学的教材中几乎没有博物馆的应有位置。二是法规政策滞后。目前无论国家还是地方政府，都尚无法规明确规定将博物馆纳入国民教育体系，配套的政策措施缺失，因而宣传、教育、文物、科技等相关行政主管部门的协作联动机制、馆校联系制度、将博物馆纳入教学计划、经费筹措与保障等相关工作启动不力。三是博物馆的教育活动未能制度化、经常化，内容、形式较为单一，将博物馆纳入国民教育体系的长效机制尚未建立。为此，2007 年 3 月，全国政协会议期间，笔者与多名政协委员联名提交了《将博物馆纳入国民教育体系》的提案，提出由政府制定法规或出台相关政策，明确将博物馆纳入国民教育体系的任务，并通过免费开放等方式，促进博物馆为公民终身学习服务，在教育界、博物馆界引起了积极反响，并得到了教育部门的积极回应。

博物馆是知识的殿堂和文化传承的载体，具有承先启后，激发人们省思、净化、学习的教育功能，是构成教育潜能的基础，是终生教育和全民教育的重要基地。完善博物馆教育功能的关键，是将博物馆纳入国民教育体系，建立起长效机制。一是完善相关法规，从制度上明确博物馆的教育机构性质，确立博物馆是国民教育体系有机组成部分的法律地位，研究制定具有针对性的政策措施，将博物馆教育列入学校教育，并对博物馆纳入国民教育体系的有关工作和活动给予充分的资金保障。二是博物馆应无偿为学校教育教学活动和教师培训提供便利，积极利用博物馆开展教育教学活动，将博物馆纳入各层次教育教学体系框架，纳入教学计划、教学大纲、教材编制、学分设置，在日常学科教学活动中，要渗透博物馆教育的相关内容，在各地教材的编写中，注意增加博物馆教育和当地历史文化知识的相关内容。三是有关行政部门加强协调，促进博物馆与其他文化教育机构的横向联系，与学校及有关单位建立协作机制，协调教育、文物、科技等行政部门形成合力。指导和协调博物馆与学校深化合作，建立长期有效的馆校联系制度，真正实现资源共享共用。博物馆对中小学生全天候无限次免费开放的同时，积极做好教育服务工作。

我国的《文物保护法》《义务教育法》《爱国主义教育实施纲要》《博物馆管理办法》等法律、法规，对深化博物馆的教育、服务功能提出了一系列原则性规定和较为具体的政策。2005 年,《国务院关于加强文化遗产保护的通知》进一步明确:“教育部门要将优秀文化遗产内容和文化遗产保护知识纳入教学计划，编入教材，组织参观学习活动，激发青少年热爱祖国优秀传统文化的热情。”国家文物行政部门在开展博物馆评估定级工作中，也将展示和教育作为其中一项重要评估标准。近年来，一些地方在建立将博物馆纳入国民教育体系的长效机制方面迈出了实质性的探索步伐。2007 年 8 月，陕西省文物局、教育厅联合发布的《关于将博物馆教育纳入国民教育体系的实施意见》提出，将全省文物系统的 104 座博物馆、纪念馆纳入国民教育体系，与教育部门实现文化资源共享，以激励青少年对祖国优秀传统文化的热情，并培养青少年参观和利用博物馆资源的良好习惯；在对中小学生集体预约全年免费开放的基础上，将博物馆建设成中小学校日常教学实习和综合实践基地；将博物馆教育列入中小学校教学计划，并把相关知识编入地方教材，充分发挥博物馆社会教育功能，强化博物馆在国民教育体系中的地位。

国际博物馆协会将 2006 年国际博物馆日的主题确定为“博物馆和青少年”。选择这一主题，是为了提高公众对于让青少年接受博物馆教育的使命感与行动力，增强公众对博物馆如何通过与青少年的互动，使他们为未来社会做出贡献的认识。正如国际博物馆协会主席 A.S. 康明斯 (A.S.Cummins) 所言:“通过认识年轻人在社区中的现状使博物馆与他们更亲近，博物馆可以为年轻人做许多事。这样博物馆就能帮助人们在认知世界的基础上建立彼此间的理解，并在其间扮演一个交流与对话窗口的角色。年轻人对这个世界的所有事物有着全新的视角，而博物馆恰恰是了解世界的窗口。”博物馆教育与学校教育的不同之处在于，学校教育是正规教育，表现为强制性；而博物馆教育是非正规教育，表现为非强制性。学校教育以课堂教学为主，形式比较单一，博物馆教育形式则灵活多样。学校教育的对象分类明确，而博物馆教育的对象极为广泛。如果博物馆教育与学校教育各自为政，不能有效融会贯通，必然影响教育效果。因此博物馆教育作为学校教育的有益补充，必须紧密结合学校教育实际，更好地实现二者的对接，互为补充，营造立体的教育网络，发挥更大的效果。实现博物馆教育与学校教育的有效衔接，使博物馆真正成为青少年课堂教育的必要补充和国民终身教育的大课堂。

二、深化博物馆的教育职能

16 世纪德国思想家、改革家 M. 路德 (M.Luther) 指出：“一个国家的前途，不取决于它的国库之殷实，不取决于它的城堡之坚固，也不取决于它的共同设施之华丽，而在于它的公民的文明素养，即人们所受的教育、人们的学识、开明和品格的高下。这才是利害攸关的力量所在。”① 博物馆的核心价值由其社会属性和社会职能所决定。博物馆作为文化与自然遗产收藏保护、科学研究、陈列展示，实现传播文化科学信息的文化机构，在其承担的社会职能中，为社会提供公众教育应作为核心职能，体现出博物馆的文化责任。在相当长的时间内，博物馆在以物为本、重视科研功能、重视馆藏文物

① 艾斐：《建设中华民族共有精神家园》，载《人民日报》，2008-01-17（11）。

保护的同时，却对博物馆的公众教育功能认识不足，以至于不少博物馆的主要藏品被束之高阁，常常只扮演“文物仓库”的角色，严重影响了博物馆社会职能的发挥。近年来，伴随城市开发建设，更有少数地方片面追求博物馆的形象标志功能，忽视或弱化博物馆的公众教育功能。博物馆早已不再仅仅是保存珍贵文物的宝库，也早已不再仅仅是向少数人提供专业服务的殿堂。今天博物馆的重要责任是面向大众，服务大众，增进社会各阶层的相互了解与和谐，实现文化多样性的保持与融合。人们越来越认识到，博物馆本身就是独具特色的教育机构，提高人的素质，促进人的全面发展，应是博物馆的目的和存在的意义。

历史是人类总体思维的产物，博物馆是保存历史的文化机构，具有帮助观众感知人类总体思维的综合性价值。人类进入 21 世纪以来，全球化成为必须面对的问题，不仅经济活动越来越超越国界，文化也出现了全球化的趋势。一方面，经济发达国家的价值观念和生活方式正在不断向其他国家输出和普及，直接影响到人们的理想信念、思想行为和审美心理等精神层面，使社会的价值取向和道德准则发生变化。文化娱乐化、历史虚无化、语言失范化、艺术消费化等种种不良的文化生活方式，正在消解着人们对于优秀传统文化的理解和继承。特别是一些青年人总在快速浏览的眼睛，越来越不习惯于安静中的凝视、凝视中的深思。“对绘画的诗意品味，对文学的倾心阅读，让位给了图像的快速浏览和奇观化感官刺激。读图代替了品画，快感代替了美感，刺激震惊代替了凝视沉思，戏谑恶搞代替了诗意与思想的浸润，低俗嬉戏代替了品味的追求”[①]。另一方面，信息技术革命给认知领域带来了巨大的变化，给经济发展和

① 许江：《技术之光，取代不了人文之光》，载《人民日报》，2010-05-13（12）。

社会进步注入了强劲的生机和活力，同时，激烈的竞争、复杂的利益关系和层出不穷的新情况、新问题，呼唤着人文关怀，全民族价值体系的重建、青少年教育的责任、民族传统文化的弘扬，均需要深入研究和解决。

早在 1916 年，克里夫兰艺术博物馆就成立了教育部，1931 年 T. 芒罗（T.Munro）担任教育部主管时，开展了关于如何在博物馆进行学习的专项研究，并形成了一套“双轨制”原则，以保证博物馆始终为观众提供高水准的教育。1929 年，以“鼓励和发展现代艺术的学习为目标”建立的纽约现代艺术博物馆，首任馆长 A.H. 巴尔（A.H.Barr）制订的教育课程，有效地促进了美国公众的现代艺术普及教育，提高了他们对现代艺术的鉴赏品味。一直以来，博物馆的社会公共性主要通过其公共教育职能来体现，尤其是一些博物馆的公共教育部，往往同时联系着以博物馆之友和捐赠人为代表的各方社会资源，致力于博物馆促进公民教育、促进社会文明进步的核心任务和使命。为了更好地履行公共教育职能，博物馆各部门之间必须进行更多的沟通，增进对彼此工作和所需专业的了解。同时也必须投入更多努力，通过陈列、展览、表演、解说，以及数字信息传播工具和科技展示手段等多种方式，拉近观众与现代科学技术、文化艺术之间的距离[①]。今天所强调的博物馆公共教育职能，是以为社会服务为目标，以提供教育为目的，使博物馆成为“生动的百科全书”，成为每个人的“终身学校”。博物馆要注重发挥自身优势，强化教育服务意识，拓展公共教育领域，策划多种教育活动，既要避免博物馆的气氛过于凝重，又要避免参观者仅满足于走马观花。

美国文化人类学者 R. 雷德菲尔德（R.Redfield）指出“城市的

① 王真真：《博物馆公共属性的“生成”》，载《中国文物报》，2010-06-02（6）。

作用在于改造人”。“城市的主体是人，创造城市形象的过程，也是创造现代人的过程，人与城市之间的主客体相互改变着对方。城市形象的本质是城市人的素质，没有城市人的素质，也就不可能有良好的城市形象和城市环境。很难想象，一个市民素质很低的城市，或没有良好生活行为的市民群体，会有良好的城市形象”。今天，越来越多的博物馆已经自觉地将社会教育当作自己的主要任务。英国的博物馆为高等院校提供藏品出借服务，很多博物馆都有专门的文物库房存放用于出借的博物馆收藏品，学校教学负责人可以在该库房内亲手挑选所需文物，在与博物馆签订协议后，即可以在规定期限内将藏品借出，用作授课的辅助教具。文物外借盒（Loan Boxes），是英国博物馆所采用的一种公众考古实践的方式，早在第二次世界大战前即有很好的发展。文物外借盒内装着各个时期的考古文物，盒的四周有泡沫垫，对文物起到保护作用。通过向学校等教育机构出借这种文物盒，学校等便可以拥有一个可以辅助教学的迷你博物馆，而博物馆也可以更加充分地利用“那些由于缺乏考古相关背景材料而重要性相对略低的考古物品”[①]。藏品出借服务对学校教学活动的支持，彰显出博物馆在社会教育方面的优势。

随着物质生活水平的提高，人们的文化需求也随之增长，简单的文化娱乐活动已经无法满足人们更多的情感投入和学习要求。追求更为高雅的文化活动方式、追求寓教于乐的学习方法，成为越来越多普通民众的自发需要。人们希望作为优秀文化载体的博物馆能为他们提供更加丰富、更高品质的文化生活。在博物馆教育的内容方面，由于馆藏文物收藏量大、文化内涵丰富，博物馆可以实现来自不同年龄、不同层次、不同群体的多方面、多层次、多角度教育

① 李琴，陈淳：《公众考古学初探》，载《江汉考古》，2010（1），38页。

需求，实现多方位的教育功能，例如博物馆可以通过展品的定期更换和互借、举办“特展”、举办“巡回展览”等灵活、多样的方式，始终保持鲜明的特色主题、多元的教育形式、系统的教育过程、较低的教育成本、良好的教育效果，实现对观众持续且广泛的吸引力，形成博物馆教育的长效机制，对广大民众的学习、生活都会发生深刻的影响。博物馆教育作为各类学校教育的辅助和延伸，其特殊的形式发挥着不可替代的作用。综合上述优势，博物馆群体形成了独特的、强大的教育功能，在满足各种教育需求的同时，也为国民教育体系注入了新的活力。特别是在博物馆全面免费开放的背景下，博物馆的教育功能得以强化和提升，并对其他功能的发挥也产生了较强的引领与带动作用。

中华传统文化是中华民族在长期的历史发展过程中，由于特殊的自然环境、经济状况、政治结构、意识形态的作用而形成的文化积累，丰富多彩、弥足珍贵的文化遗产是中华传统文化的重要载体，体现着中华民族的生命力和创造力，它不仅以经典、文献、制度等客体形式存在，而且广泛地以民众的思维模式、知识结构、价值观念、伦理规范、行为方式、审美情趣、风尚习俗等主体形式存在，是当今时代精神的重要构成元素。文化遗产是宝贵的教育资源，博物馆作为收藏、保护、研究、展示文化遗产的文化机构，是弘扬中华传统文化的主要场所，是公共文化服务体系的重要组成部分，具有鲜明的教育功能。充分发挥博物馆在认知历史、提升素质、弘扬道德、陶冶情操等方面的教育功能，是博物馆的社会责任。今天，我国博物馆正在从传统的重视收藏保管、学术研究功能，向同时重视文化传播、宣传教育功能转变，更加强调社会服务职能。博物馆是知识的宝库，它的特点是综合的、立体的，涉及社会科学和自然科学的诸多领域。对普通公众来说，博物馆是令人向往的教育场所，一个学习传统与知识的场所，一个享受艺术和休闲的场所，一个培养素质和情操的场所。同时，博物馆应该成为青少年学习历史、认识现在、探索未来的重要文化殿堂。

文化遗产是人类在漫长的文明历程中积累的物质和精神的财富，是对历史和传统的见证，是人类智慧和灵感的源泉，是情感和灵魂的家园，是创新与发展的基石。德育教育是博物馆教育和学校教育的结合点。博物馆不仅传播知识，更是传播精神文明的重要课堂。通过博物馆教育使观众增强民族自豪感，增加民族凝聚力，更加爱祖国，爱人民，爱劳动，爱科学，是博物馆的重要社会职责。博物馆作为社会教育机构，要努力开展内容健康、丰富多彩、生动活泼的活动，使德育教育寓于其中，以提高广大民众的精神境界和道德水平。要进一步认识和发挥博物馆工作的特殊优势，为加强和改进青少年思想道德建设提供良好文化氛围和特色服务。对广大青少年进行思想道德教育，促使他们牢固树立远大理想，是我国博物馆的光荣传统。在新的历史时期，博物馆要增强为青少年提供优质服务的意识和社会责任感，尊重青少年的心理感受、审美情趣和认知特点，善于与青少年对话、交流和互动。通过推出丰富多彩、各具特色、个性鲜明、为青少年喜闻乐见的社会普及活动，并借助新闻媒介和互联网络，激发青少年的参与意识，引导青少年感受博物馆的氛围，逐步养成参观习惯，进而实现博物馆与青少年的相互认知，建立良好的互动关系。

目前，博物馆加强与学校及有关单位的横向联系，共建教育基地，是普遍采用的行之有效的社会教育方式。仅全国文物系统就有1000 多个博物馆、纪念馆被当地教育部门确定为教育基地。这些博物馆、纪念馆制定教育基地建设规划，充分发挥自身优势，采取优待参观、培训义务讲解员、送展览进校园、举办夏令营和冬令营、有奖征文、知识竞赛等丰富多彩的活动形式，使越来越多的青少年学生和普通民众通过博物馆、纪念馆的实物课堂受到深刻、生动的教育。一些中小学校已经把阅读课和入队、入团仪式安排在博物馆、纪念馆进行，增加青少年对优秀民族文化的了解和热爱，提高他们的思想道德素质和科学文化素质。例如南京梅园新村纪念馆，结合小学语文教材中有关周恩来的内容，组织小学生分期到纪念馆参观，进行教学辅导。旅顺博物馆的“博物馆一日学”活动，将参观陈列、听专题讲座和报告、模拟体验原始先民生活融为一体，提高了中小学生的学习兴趣。老舍纪念馆搜集被选进大、中、小学生教科书的老舍先生作品，进行课内外比对式的延续教育，针对不同年级设计出不同内容的讲解词，并配有引发思考的习题，最大限度地利用纪念馆资源，在学生已有知识的基础上，既扩大了学生们的知识面，又巩固了课堂所学内容，事半功倍地发挥教育效果。

当前我国教育正面临巨大的挑战。国家经济社会的进一步发展，跻身世界强国之林，急需大批高素质、创新型人才，学校的正规教育正艰难地从应试教育转向素质教育。在这方面博物馆作为社会教育的重要机构，应该做出自己独特的贡献。未来学家 J. 奈斯比特（J.Naisbitt）的《中国大趋势》一书认为，中国能否实现建设创新型国家，很大程度上取决于教育体制的转变，必须把学生从家长制、以考试为中心的体制中解放出来，让他们独立思考。如果教育和其他机构依然坚持等级森严的家长制，那么建设创新型国家的目标将难以实现。我国的教育体制过于强调死记硬背，非常重视考试成绩。“这可不是培养诺贝尔奖获得者沃土。”[①] F. 科泰 (F.Cortoi) 则

① 舒泰峰：《奈斯比特观察中国大趋势》，载《北京日报》，2009-10-19（19）。

认为，“现在我们知道，学习根本上就是个‘具体化’的过程。强迫大量的人被动地坐在教室里远非一个有效的学习环境”①。但是，目前在校学生利用博物馆的状况不容乐观。例如以 2004 年北京地区大学生利用博物馆的调研报告为例，有 95.7% 的学生认为青少年应该经常参观博物馆，但是实际状况则是：“偶尔一次”的比例高达 54.7%，选择“2 ~ 3 次”的占 32.6%，只有 11.6% 的学生一年参观“3 次以上”。“当代大学生对待博物馆在想与做上的反差之大，实在是不得不令人正视的现实”②。

我国现行的教育体制，如果按照教育场所的不同可分为“学校教育”和“校外教育”；如果按照教育内容的不同可分为“基础教育”和“素质教育”。近年来，我国积极倡导加强“校外教育”“素质教育”，建设学习型社会，这些对博物馆社会教育职能提出了新的要求。其中，在校学生是我国博物馆数量最大的观众。全国 18 岁以下的未成年人有 3.67 亿人，占总人口的 29%。大、中、小学加上各级各类职业、技术学校的学生，合计有 2 亿人，约占全国总人口的 1/7，而且中小学生一年中约有 180 天不在学校读书。目前，大多数博物馆的学生观众一般占 25% ~ 40%，有的博物馆高达 50% 以上。因此，博物馆在加强自身功能建设的同时，必须对校外教育给予足够的重视，从博物馆的组织机构、人员配备、工作重点、教育方式等方面进行必要的改革，使每一座博物馆都和相关学校建立起教学实习、共建互动的关系。博物馆教育不仅仅是学习场所的转换，更是学习方式的改革，不仅是向未成年人传播科学文化知识，使他们学习、理解、继承中华民族传统，从中汲取精神营养，还要指引他们思考未来，完善道

① 弗朗索瓦·科泰等：《博物馆：城市之脉动与激情》，载《国际博物馆》，2006（2），43 页。
② 毛颖：《博物馆与青少年教育》，载《东南文化》，2010（1），93 页。

德与人格，以及培养他们审美的意识。在博物馆的教学实践中，需要关注教育客体的研究，运用发展心理学的原理，激发未成年人的学习兴趣，变“教育”为“学习”，鼓励思考与研究。

三、突出博物馆的教育特色

博物馆基本功能之一就是社会教育。如何以博物馆的资源和优势为依托，通过直观形象的教学手段，在凝聚人类文化遗产精华的同时，强化公民素质教育，提高国民综合素养，应成为新时期博物馆教育功能拓展研究的重要课题。今天，博物馆在社会教育的角色上，已不限于回顾历史、灌输知识，而是积极透过博物馆研究和展示，传达当代社会的种种问题与现象，并且构建大众对于博物馆文化的认知，跻身到参与社会文化重构的行列。博物馆博大精深的文化内涵和实物资料再现了当地的历史沿革和政治、经济、文化、社会发展的脉络，不但把最重要的史实呈现在社区民众面前，让人们了解更多的历史沿革、文物知识和民俗风情，而且使人们或感怀于先民顽强不屈征服自然的历程，或赞叹古代工匠巧夺天工的创造能力，增强对故乡、对民族、对祖国的认知和热爱与眷念之情，激发社区民众的社会责任感和使命感。随着时代的进步，博物馆的功能日趋丰富多样。在人们的心目中，博物馆不仅是收藏中心，也是文化中心、教育中心、学术中心，还是休闲中心。与此同时，博物馆的门类也日益丰富，包括综合类、历史类、艺术类、自然类、科技类、社会类等在内的各类博物馆结构比例日渐平衡。然而在这些多元的功能和多样的博物馆中，博物馆的教育功能应该是实现其社会责任的核心功能。

博物馆教育具有全民性。博物馆的教育功能具有广泛性，其陈列展览内容涉及人类生活的各个方面，不同程度地影响和延伸到社会生活实践和文化形态的不同领域，从而构成人类教育实践的必要环节。今天，博物馆正在逐步成为全社会终身教育的基地，博物馆的社会教育功能也正在从传统文化的范畴向更广阔的领域扩展。博物馆作为社会教育机构，处处体现出公益性和全民性，其在教育方面的使命不是完成特定人群的精英教育，而是在于提高全民的科学素质和文化素养，丰富广大民众的精神生活，促进人的全面发展。博物馆的教育对象几乎涵盖所有社会成员，在提高公民素质方面不同于程式化的学校教育，不受性别、年龄、出身、民族、职业、文化程度、健康状况等条件的限制，以全体社会成员为服务对象。对于所有希望获得知识、受到教育的人而言，博物馆教育是平等的，无论男女老少，无论民族或国籍，无论文化背景或受教育程度，从幼儿园儿童到老年人，从一般民众到特殊困难群体，从团体观众到零散游客，博物馆都向他们敞开大门，无选择无差别地对待每一位愿意利用它的人。所有社会成员都可以自由地出入于博物馆内的各个陈列空间，参加博物馆组织的各类社会活动，吸取科学文化知识，获得理想情操和审美情趣的熏陶。

博物馆教育具有社会性。当代博物馆作为公益性的社会文化教育机构，承载着“为观众自我学习提供服务而实现教育目的”的重任，这种双向交流、互动影响的教育方式，是博物馆与观众共同创造的新观念。在提高公民素质方面，博物馆高度关注社会民众的精神文化需求，构建起信息化、多元化的知识性动态平台，展示具有教育和文化价值的对象与标本，确立以社会教育为宗旨的良性运行机制，突出社会性的特征，使广大民众共同享受博物馆文化资源。博物馆通过爱国主义教育、乡土教育、文明礼仪培训等多元化途径，肩负起培育公民道德素养和社会责任感的历史使命，培育道德是非观念，倡导健康生活方式，使正确的价值观深入人心，使公众将道德观念和社会责任感转化为自觉的行动。当前，尊重生命、保护生态、爱护环境、节约能源等都要求这一代青少年了解历史、启迪心智，认识和保护所赖以生存的地球，为人类更美好的生活而更新知识、探索创造。博物馆公民综合素质教育的外延宽泛，涉及智商、审美、技艺、体育、社交能力等各个方面，创造一个生活化、综合性、系统性的“社会课堂”，为拓展博物馆社会教育功能提供了张力与维度，而公民素质提高的最佳途径是在完全自主、自由的状态下接受科学文化、道德礼仪等方面的教育与熏陶，而博物馆恰好提供了理想的场所。

博物馆教育具有终身性。学习是一种终身任务，目的在于适应不断发展变化的形势，而博物馆提供的教育在时限上具有终身性的特点和无限性的优势，可以真正形成互动交换最频繁、最持久的“社会课堂”。过去，人们常常把学习局限在学生、学校范围，局限在人的少年、青年阶段。在信息爆炸式增长、形势飞速发展变化的今天，人们日益认识到终身学习的重要性和必要性，一些发达国家和地区纷纷出台了推动终身学习的法律和政策[①]。终生教育包括广泛的教育形式，广泛的教育泛指一切有目的地增进人的知识和技能、发展人的智力和体力、影响人的思想和品德的社会活动，包括社会教育、学校教育、家庭教育。博物馆教育是社会教育的组成部分，教育内容广博，形式多样，效果显著。同时，博物馆的教育内容具有多样性。从社会历史到自然生态，从文化艺术到科学技术，从古老的石器到宇宙飞船，从中华民族文化到世界各民族的风俗，都可

① 王喜成：《想想学习为了什么》，载《人民日报》，2010-03-25（7）。

以在博物馆里得到反映。博物馆是一部立体的“百科全书”，一座实物的“图书馆”。它对青少年是一个充满新奇和引起幻想的天地，对成年人也是补充新知识、研究新问题的理想场所。因此，作为公共文化设施，博物馆是终身学习的重要设施，有着广泛的教育内容、丰富多彩的教育形式、自愿选择的教育机会、寓教于乐的教育方法、持续终生的教育目标。

博物馆教育具有直观性。博物馆的不可替代性在于其积聚保藏了大量实物资料。博物馆教育主要建立在运用实物、模型、标本、景观、图片、资料的基础之上，以人类文明和大自然的可靠见证物为基础进行教育活动，具有鲜明的直观性、形象性、可比性和强烈的说服力、震撼力。这是博物馆社会教育的特色和优势，也是与其他教育方式的重要区别。大量事实证明，多重感官的刺激能够大大增强学习的效果。博物馆教育手段丰富多彩，以各类展品为基础，精心组织陈列展览，综合运用文物藏品、标本以及辅助性艺术作品等实物资料的有机组合，运用文字、图版说明等展陈形式，借助讲解服务、视听教育、参与性操作等辅助手段，表达陈列展览的主题、内容、内涵、意义与影响，普及历史、文化、经济、政治、科技知识，提高公民的基本素质。这种以实物例证向观众表达深刻内涵和传送信息的方式，无论从人的生理机制或者认识过程来说，都会使观众感到亲切，易于接受和理解。一些博物馆的陈列不仅可以观赏，还可以亲手触摸，亲自试验，生动直观，强调亲身参与和互动体验，这是其他社会教育机构所无法比拟的。以实物为基础是博物馆教育的基本特征，实物带给人们以震撼力，事实胜于雄辩。同时现代科技手段以及新的展览形式在博物馆中的应用，增强了展览的形象性。

博物馆教育具有丰富性。博物馆往往采取丰富多彩、不拘一格的形式，开展展览、参观、培训等教育活动。随着博物馆向多功能文化中心的方向发展，公众对博物馆教育的需求不断增加，博物馆逐渐融入多元的教育手段，数字博物馆、网络、视频资源、与观众进行互动等都成为满足公众需求的有效途径，这些现代科技手段、人性化服务等使博物馆教育活动呈现日益丰富的特征，更加符合现代人对文化生活实现途径的需求，发挥出博物馆教育的良好效果。博物馆教育提升公民素质的含义十分宽泛，只有博物馆这样包罗万象的教育场所，才能提供全面、丰富、深刻的教育内容。譬如举办义务讲解员培训班、文物鉴赏学习班、历史题材影视展播、民间民俗文化考察，开设人文历史讲堂、才艺展示课堂，举行诗歌朗诵会、动漫作品比赛、知识竞赛、征文活动等，在为公民传播知识、答疑解惑的同时，扩大博物馆自身的知名度、影响力、辐射面，为博物馆公众素质教育注入新的生机与活力。当代博物馆还采用电子技术、电脑遥控录音等新型讲解方式，不仅解决了语言障碍问题，还便于观众自由选择。此外，利用高科技开展视听教育，编制多媒体、影视作品，将展览中孤立零星的信息系统化，并提供展览的背景知识，能为观众创造“身临其境”的感觉，同样有助于提升博物馆教育活动的效果。

博物馆教育具有开放性。博物馆作为国民教育的特殊资源和场地，具有服务社会教育的独特优势。丰富的教育资源是博物馆的优势所在，将其运用于社会公共教育，为公众提供良好的教育服务，是博物馆将公益性与公众性相结合的重要体现。博物馆教育综合多学科知识，形成相对独立完整而生动鲜明的展示内容，有助于参与者在较短的时间内深化对相关内容的理解。博物馆教育活动的规模、形式和举办场所更为灵活，很多教育活动可以在开放空间举行，采取开放性的形式，观众可以随时加入，也可以随时离开。博物馆还可以根据不同参与者的特点，设计不同的学习活动，而对于群体参与的活动，也可以安排多样化的教育项目。“这种开放性的教育活动不仅为观众提供了多样化的学习机会，也营造了博物馆的学习氛围，有助于观众确认博物馆是学习场所，在一定程度上纠正一些人将博物馆看作游艺场的认识偏差。”由于博物馆可移动文物体积较小，具有便于运输、展览和管理的特点，博物馆的教育场所不局限于博物馆内部，各种巡回展览可以走进学校、社区，不断丰富博物馆的教育形式。博物馆教育活动融多种表现形式于一身，可以通过增强计划性和针对性，保障教育资源的文化特色，向社会公布教育活动的日程，方便广大公众的参与，树立博物馆社会教育机构的良好公共形象[①]。

北京中国科技馆观众参与项目

① 宋向光：《愉民育民 不辱使命》，载《中国文物报》，2008-04-25（6）。

博物馆教育具有自主性。博物馆素质教育的最高目标是鼓励人们通过创造性学习实现自我理想与追求，达到自我发展和承担社会责任相契合的境界。博物馆通过建立资源与观众之间的必然关联，激发人们创意灵感，引发人们思考认知，通过自身的感悟树立新的世界观和发展观。换而言之，就是满足参观者在从事本职工作之余，调整身心、提高科学文化素养、培养社会责任感、提升综合素质、实现自我价值的要求。博物馆提高公民素质功能的发挥，不是单向的、灌输式的，而是通过加强主体间的交流加快信息的反馈。与传统学校教育相比，博物馆公民素质教育具有绝对意义上的自主性。为鼓励观众自主学习，博物馆在教育活动中创造条件，让观众成为学习的主体。博物馆教育是自愿发生的，在博物馆里没有任何人被强迫学习；博物馆教育没有规定的课程和学习进度；博物馆教育无所不在，只要人们踏入博物馆，教育就随之发生。受教育者不受课堂教学形式的限制，也没有竞争、淘汰等外在压力，足以在开放的条件下完成自我学习和教育。博物馆向任何一个有意愿利用博物馆资源的人开放，但是却对任何人都不具有约束力。观众是否愿意进入博物馆、是否愿意参观某个展览，完全取决于他本人的兴趣和愿望。只要公民个体有提高自身素养的意愿，就可以根据自己所需去博物馆汲取知识、拓展视野、激发创意。

博物馆教育具有愉悦性。博物馆是真正意义上的“人类社会的立体教科书”，常常以“寓教于乐”的方式，在轻松愉快的环境中潜移默化地协助公民实现素质的提升与完善，故而在具有丰富性的同时又具有愉悦性。博物馆不仅是一所学校，还是广大民众的休闲娱乐场所。例如注意到观众文化休闲的需求，博物馆在设计教育活动时，注意活动的趣味性，内容活泼生动，教具新颖有趣，教学方式直观，可听可看可参与。民众在博物馆通过视觉和听觉等多种感官的感受而达到一种精神上的享受和满足。在博物馆内，青少年学生结合学校课程内容，用他们所有的感官投入学习，即将单一智力的学习代之以脑、心、眼、耳、手并用的学习。博物馆教育直观生动，是传播科学知识的重要场所。博物馆的教育方式更多地与情感、情趣相关，寓教于乐是其优势所在，也是其他知识传播手段所不能达到的。博物馆通过陈列、多媒体设备、图书资料、纪念品、展演设施、专家学者讲座、文物藏品、科学保护设施等丰富多彩的手段，在同一主题下，根据各类设施和资源的特点，设计独具特色的教育项目。以“人”与“物”的互动交流为中心，以展品、藏品及其他辅助设备为载体，触发参观者的视觉听觉等感官，促使他们通过观察、阅读、听讲、触摸及操作等方式，接受、加工、记忆信息，进而完成整个认知的过程。

时代的发展带动了博物馆教育观念的更新和教育活动的创新。国际博物馆协会对自身发展走向的定位，立足于更加关注博物馆如何在推进社会进步中扮演更加积极和重要的角色。因此，也要求博物馆教育在理念、形式、手段上不断发展并与时俱进。文明是一个渐进的过程，不仅需要经济基础的支撑，还需要健康思想文化的教育和熏陶。博物馆和教育之间存在着天然的联系。因为博物馆教育具有直观形象性和自然随和的非强制性等特点，深受社会民众的喜爱，已经被许多国家认为是理想的终身教育场所。今天，博物馆必须准确把握社会生活的新特点和广大民众的新期待，在展示传播的内容上、形式上，积极探索公众教育功能的发挥，采取外向的、多维的、以社会文化需求为中心的公众教育形式，通过制作引人入胜的展览、举办启迪民智的讲座、开展丰富多彩的活动等独特的文化方式，营造良好的文化氛围，促使人们了解国情、认识传统、关注社会、定位人生，从而达到净化心灵、培育理性、提升情趣和健全人格的目的，实现博物馆独特的文化价值和文化精神。同时，使博物馆的社会教育功能从传统文化的范畴向更广阔的科学领域扩展，从随机等待观众的参与向规范化的全民教育机制转化，使博物馆成为公众流连忘返的文化园地，成为文化教育和传播的中心。

四、改善博物馆的教育方法

博物馆公民素质教育功能的起源，最早可以追溯到 19 世纪中后期。1869 年，美国出现了第一座以普及科学知识为主题的科技博物馆，由此开创了博物馆公民科学素养培育的先河。20 世纪 60 年代后，随着全球化、信息化的加速，博物馆被赋予了现代化的定义，成为连接传统文化与未来社会的桥梁与纽带。博物馆通过优化组合内部资源、积极投身社会实践等尝试，实现博物馆传统功能的拓展与升华。如果说“为社会及其发展服务”是现代博物馆的基本任务，那么社会教育就是博物馆的灵魂。博物馆将传统文化、民族文化、地域文化融入博物馆文化之中，并对公众发挥无可替代的教育作用，对人们的思想产生潜移默化的影响，从而推动整个社会的变革和发展。博物馆的公民素质教育旨在搭建起公共教育平台，使博物馆成为公民提高自身素质的文化殿堂和理想场所，也昭示着传统博物馆向现代博物馆的历史性跨越。博物馆发挥公民素质教育功能，同样有助于自身的建设与发展。在全球化时代，博物馆想要不被社会所遗忘，不被边缘化，就必须将目光投向社会发展及其变革，获得社会与公众的关注与重视，从而提高自身的社会地位和影响。因此，博物馆的发展与公民素质的提高本身，就是一个相互促进的过程。

荷兰莱顿国家人种志博物馆的馆长将人们参观博物馆的动机划分为三种类型，即“寻求美学的动机；寻求浪漫主义或者逃避现实的动机；寻求知识的动机”。从心理、生理特征的适用性上研究深化博物馆教育功能，以实现公众的最大受益程度这一终极目标，就必然要求教育理念、教育形式和教育手段的多元化[①]。实际上，在博物馆敞开大门，运用各种手段吸引观众的同时，观众群体也在悄然发生着变化，不仅在构成上日益呈现出多元化趋势，而且在利用博物馆的方式、目的、需求上也与以往呈现全然不同的多样性。博物馆要按照贴近实际、贴近生活、贴近民众的要求，创新内容、形式、手段，增强博物馆教育活动的知识性、科学性的同时，增加趣味性、观赏性、互动性和可参与性。依托博物馆藏品进行的直观实物教育更能够培养观众的兴趣，提高观众在博物馆教育中的参与程度，教育效果较好而且比较灵活。博物馆教育的学习内容不应强加于人，而是使参观者根据自己的兴趣利用现代化的手段不断追踪了解。但是，如何增强公众和展示场景之间的亲和力、情绪互动以及探索的满足，需要从实践上予以落实。参与、互动、体验的方式是适应时代和公众的需求，使博物馆教育的对象，从被动的地位变为主动探索的变革性措施，有助于推进博物馆教育发生本质上的跨越，使博物馆教育增添无尽的活力[②]。

① 杨琛：《再论博物馆讲解员的工作》，见《携手2010：宁波国际博物馆高峰论坛》，59页。
② 李象益：《当今博物馆创新理念及其发展态势》，载《浙东文化》，2008（创刊号），19页。

美国丹佛艺术博物馆观众参与项目

在世界各地，博物馆以自己特有的文明传播方式，为提高社会民众的整体素质做出应有的贡献，在提升城市文明中发挥着越来越重要的作用。但是，也有一些现代化的博物馆优雅地坐落于城市中心，却不能够为更多的民众提供经常性的服务。长期以来，一些博物馆对纳入国民教育体系，特别是为青少年教育服务的意识淡薄，缺乏主动性。对未成年人免费开放仅限于集体参观，远远不能满足青少年随时到博物馆参观学习的需求。虽然博物馆教育相比学校教育有很多优势，但是不少青少年参观完陈列展览后并没有获得预期的效果，部分原因是因为博物馆陈列展览忽视青少年的心理特点、知识水平及接受能力，无法提供通俗易懂的信息。一些博物馆的陈列展览和教育活动内容陈旧单一，缺乏对本馆教育资源的深入挖掘整理，缺乏面向青少年教育的筹划设计，缺乏适合青少年特点有针对性的讲解，缺乏为青少年服务的活动场所和互动空间，缺乏面向青少年的有效教育手段和方法。例如文字说明多数情况下仅标明文物藏品的名称、年代、出土地点，很难激发青少年的兴趣，留不住青少年的脚步，不少青少年感到“博物馆里的东西距离我们太遥远”，感觉博物馆的陈列展览与自己的日常学习和生活关系不大。

博物馆作为社会教育机构，应当通过在校外教育中所扮演的特殊角色，充分发挥自身在素质教育工作中的优势，努力开展内容健康、丰富多彩、生动活泼的活动，并使思想教育寓于其中。青少年天性活泼，好奇、体验、求知构成了这个年龄段最显著的特点，然而在“应试教育”的束缚下，我国青少年的学习压力变得越来越大，而学习动力却变得越来越小，个性和创造力明显缺失。在“升学”和“就业”的压力下，学校教育等同于应试教育，教育的内容和教育的形式都变得枯燥而乏味，学生们生活在由补习班和各类考试构成的“畸形”生活链中。同时，如今青少年多是独生子女，城市居住特点和应试教育压力往往限制了他们了解社会的视野，使学生们陷入学校和家庭“两点一线”的单调生活模式，容易产生以自我为中心、缺少沟通能力和合作精神、与现实生活脱节、知识面狭隘等一系列问题。尽管学校教育条件和家庭生活条件不断得到改善，但是留给青少年的心理生长空间却愈加狭窄。正是由于严重的功利思想影响了人们的教育观，造成教育方式的偏颇，致使青少年对于中华传统文化的了解存在相当程度的缺失。然而，一个精神文化缺失的人将无法把握人生的命运，未来也难以对国家和民族做出应有的贡献。

博物馆堪称人类文明进程中的伟大发明。博物馆教育是博物馆最核心的服务，博物馆服务则是一种潜移默化的教育，无论是“服务”还是“教育”，两者均体现出博物馆专业水准和文化内涵。公民素质教育应该是博物馆教育工作的重中之重，任何时代，博物馆都对当地人口文化素质的提高有着重要推动作用。博物馆不仅是知识的传播者，而且是塑造真、善、美灵魂的工程师。青少年教育是公民素质教育的重要组成部分。博物馆是青少年感知历史、认识现在、探索未来的重要文化殿堂。对青少年的教育应从他们身边生动、鲜活的城市故事说起，而参观博物馆对于他们将是一次终生难忘的体验，这无疑是一条极其重要的途径。应该把城市的传统文化、历史名人、风土民俗写入学校课本，请进教学课堂，通过电视、电台、报纸、网站、短信等大力宣传，形成浓厚的社会氛围，让青少年从小自觉地接受博物馆的养成教育，亲历并感受博物馆的力量，通过多种途径，发掘多种资源，滋润、化育青少年的心灵，使他们从小就对自己的城市产生深入骨髓的情感，形成难以割舍的情怀。日后，他们虽然要走向不同的人生道路，但是弘扬传统文化、民族文化、地域文化将成为他们的自觉意识，他们的心也将会更多地留在故乡这片文化底蕴深厚的土地上。

青少年处于多梦的年龄，充满好奇的年代，博物馆能够成为他们最好的成长伙伴，为他们提供丰富的精神食粮，帮助他们认知历史、认知祖先、认知祖国，从而展开探索的翅膀，了解历史、走向未来。博物馆教育活动能够为青少年提供各种接触社会的机会和途径，使他们开阔视野、体验人生，提高交往能力，使集体意识、社会意识在幼小的心灵中扎根，充实他们的情感，健全他们的品格，完善他们的人格，教会他们如何解决问题、承受挫折、正确对待别人和自己，教会他们什么是勇敢、坚强、宽容、进取，而这些都是面对未来生活必不可少的知识。因此，博物馆要整体策划青少年“走进博物馆”“体验博物馆”“爱上博物馆”的思路，激发青少年的参与意识，使青少年经常感受博物馆的氛围，逐步养成参观博物馆的习惯。心理学研究表明，只有学得快乐才能学得持久、学得有效。博物馆教育活动应依据社会人才需求趋势，以促进青少年心智发育和人格完善为目的，探索适宜的教育形式，针对青少年好动、好奇的特点，发挥他们的想象力，进行各类活动的设计，提供激发兴趣、展示特长、实现梦想的平台，为青少年创造宽松的学习氛围，使他们充分享受到学习过程中的快乐，既增加知识，又增添乐趣。

北京首都博物馆观众参与项目

在人们的心目中，博物馆是最具科学权威的文化机构之一，人们在博物馆所接受的教育可能会伴随他的一生，因此，博物馆必须以最真诚的方式对待自己的观众，向观众提供准确的科学知识。这是博物馆必须恪守的道德原则。这一原则要求博物馆在举办展览时，尽可能保证所传播知识的准确性、真实性和科学性。宋新潮先生指出："西方博物馆界秉承两个发展理念：'艺术即历史'，'艺术就是人的发展'。我们今天致力的，就是恢复博物馆完整的社会地位，吸纳更广泛的社会人群走进博物馆的大门，让他们在这里不断完成人生的审美熏陶、伦理教育，这正是博物馆免费开放的目的之所在。"① 宋向光教授指出，"寓教于乐"不是简单地将学习过程游戏化，而是让学习者感受到学习过程中"豁然开朗"的快乐。因此博物馆教育应当聚焦于如何提高观众在博物馆中享受发现、推理和验证的乐趣上，积极纠正人们把博物馆看作游艺场的认识偏差，消除"逛博物馆"的心态②。博物馆应更多采用探索、实验、发现的方法，采用集体学习和研讨的方式，让参观者在学习活动中互动，感受自己能力的提升和信心的增强。"有效的博物馆学习意味着，当观众离馆时，对某一相关的主题有了比进馆时更多的知识和更深的理解"③。

今天，博物馆需要进一步提高教育服务能力，从宏观和微观两个方面调整博物馆教育的起点，创造更多更好的与学校教学内容结合互补的活动方式。一方面，积极呼吁博物馆教育进学校、进课堂，从宏观上强化博物馆教育的普及性，使学生们从小接受博物馆文化，为日后科学、有效地利用博物馆打下基础。另一方面，要将过去学生们走进博物馆后才开始实施的博物馆教育，前移至他们准备参观博物馆之时就开始，减少盲目参观、无效参观问题，努力提高学生们的参观质量①。博物馆要根据学生们的需求设计陈列展览和各项

① 李舫：《中国博物馆从"藏宝库"到"魔法棒"》，载《人民日报》，2010-01-29（17）。
② 沈岩：《从免费开放反思当前博物馆教育的改革》，载《中国文物报》，2010-02-24（7）。
③ 严建强：《论博物馆的传播与学习》，载《东南文化》，2009（6），100页。

活动内容，才能增加教育活动的吸引力。学生们的学习目的是强化个人能力，以适应快速变化的外部世界。在知识学习方面，博物馆不仅要向学生们展示最新的学术研究成果，更要使他们了解这些知识对社会发展的积极作用；在发展能力方面，博物馆要通过教育活动，增强同学们的探索能力、交流能力和审美能力；在伦理道德方面，博物馆要通过环境营造、榜样引导和制度约束等手段，使同学们养成良好的博物馆参观习惯，提升社会公德意识和自觉遵循社会行为规范[2]。博物馆应通过多渠道筹措资金、挖掘现有资源潜力等方式，不断改善服务条件，显著提升为青少年教育服务的能力[3]。

教育部门要制定宏观政策，使学校和博物馆紧密结合起来，形成良好的互动关系。制定教学大纲时，将组织学生到博物馆参观学习列入教学计划，明确规定教师有义务和责任尽量创造机会引导学生走进博物馆。博物馆方面，则应更加积极地创造条件，将博物馆文化融入学校教育，例如为学校提供教具教材和特别辅导、赴学校举办展览和活动等。特别是要把对青少年的教育作为博物馆教育活动的基本内容加以安排。台湾史前文化博物馆，将观众主体定位为中小学生。一般来说，史前文化的陈列展览专业性较强，但是该馆的说明文字却非常浅显生动，引起青少年的浓厚兴趣。与其他教育方式相比，博物馆文化的传播更具有综合性的特点。当今社会科学知识与现实生活的关系愈加密切，青少年观众对实用性知识的需求也愈加强烈，因此他们对博物馆的需求已经不仅仅停留在了解知识的层面，而是将博物馆作为训练思维能力、培养创造能力的场所。台中自然科学博物馆同样把

---

① 沈岩：《从免费开放反思当前博物馆教育的改革》，载《中国文物报》，2010-02-24(7)。
② 宋向光；《愉民育民 不辱使命》，载《中国文物报》，2008-04-25(6)。
③ 郝黎：《从若干博物馆实践看博物馆教育》，见《携手 2010：宁波国家博物馆高峰论坛论文选辑》，1 页。

主要参观观众定位为中小学生，因此在展厅中设置了大量能启发青少年对自然现象好奇心的大型电动模型装置和惟妙惟肖的场景演示，并有多种青少年可以动手触摸的展品。由于观众定位准确，台中自然科学博物馆每年参观人数高达 300 万以上。

在美国，政府历来鼓励博物馆增强教育功能，以博物馆之长补学校不足，许多博物馆相继推出面向学校的教育项目。如今美国博物馆已经成为从小学生到研究生名副其实的第二课堂。成立于 1899 年的美国布鲁克林儿童博物馆是世界上第一家专门面向儿童的博物馆。正是由于对青少年教育的重视，美国博物馆被视为“儿童最重要的教育资源之一和最值得信赖的器物信息资源之一”。在纽约大都会博物馆和古根海姆博物馆，专门为不同年龄段的青少年提供与之相应的美术教育课程，甚至于学校当中的部分课程直接在博物馆中进行，博物馆与教师之间形成了非常紧密与和谐的关系，共同为青少年的成长和发展搭建良好的平台。据统计，每年以班组为单位参观纽约大都会博物馆的儿童和中小学生达 20 万人。在美国，教育成为博物馆的重要任务，70% 的博物馆专门有人负责教育项目，88% 的博物馆为幼儿园至高中的学生提供教育项目，每年有 5000 万学生参加这个项目。美国博物馆每年用于学生教育项目的开支多达 1.93 亿美元，教育时间至少 400 万小时①。不论大小博物馆都为学生设立专门教师、实验室，开办专供儿童参观的陈列室或“儿童博物馆”。美国博物馆对青少年教育的重视获得了丰硕的回报，不仅在一定程度上改变了国民教育思想，从小培养了国民的创新意识，“而且许多博物馆的捐赠者，都是从小经常去博物馆并对博物馆拥有美好回忆的人”。

① 张和清：《美国博物馆的管理与运作》，载《中国文化报》，2008-10-22（7）。

五、强化博物馆的教育效果

博物馆是形象展示一座城市文明发展程度的窗口，更是一所公众的社会大学。早在1908年，美国宾夕法尼亚博物馆就成为世界上最早开办博物馆培训课程的博物馆。在2001年，在美国有100多万教育工作者在其课堂上使用了史密森尼研究院编印的教育资料，数百万人，从学龄前儿童到高中生，均从中受益。克利夫兰艺术博物馆的“教师资源中心”，向数千名注册成员提供24种不同专题的幻灯片教材，每年9月至次年6月的周二至周五都有各种培训、进修活动，定期参加有关培训班可获得大学承认的硕士课程学分。再如大都会艺术博物馆编印了“希腊艺术”“韩国艺术”“东南亚艺术”等系列专题材料，向纽约市的每一所公立学校赠送，其经费除来自每年约50万美元的资料印制费外，也有一些来自社会的捐赠。在加拿大魁北克，国家艺术博物馆为了充分发挥博物馆的社会教育功能，专门为该地区的学校制订了一套细化的专题类参观计划，即针对不同年龄段学生的特点，制定不同主题的展览，使学校可以根据学科性质及学习主题选择性地参观。在韩国，京畿道博物馆每年举办儿童画展，邀请小朋友走进博物馆，以展出的文物为写生对象，任凭孩子们发挥想象的空间来进行创作。

青少年是未来社会的主人，是未来文化的缔造者。奥地利维也纳市制定教学大纲时，将组织学生到博物馆参观学习列入教学计划，要求教师树立博物馆教育理念，熟悉并善于利用博物馆资源辅助学校教育，明确规定教师有义务和责任尽量创造机会带学生到博物馆参观。美国有相当部分正式课程在博物馆的展厅、教室、库房、图书馆等地进行。在英国、新西兰，未来的小学教师都要接受博物馆教学的专门指导。苏格兰国家博物馆将其展览定位为“连接苏格兰过去和未来的桥梁”。2008年推出展览“变化中的国家”，通过广泛的观众调查，聚集于展示苏格兰的历史，表达苏格兰人民的声音，甚至部分展品来自普通苏格兰民众，展览的目标就是成为苏格兰的历史教科书[①]。在博物馆，学生们有机会目睹文物藏品实物，留下比课本上的内容更加深刻的印象，能够巩固以往所学到的知识。在我国，一些博物馆展览针对青少年教育特点增加相关内容。例如增加陈列展览的直观性，更容易为中小学生所理解和认知；增加陈列展览的科学性，增强中小学生的信赖感，使博物馆教育更具权威性。一些博物馆尝试开辟专门的学生展区和动手室，例如中国科技馆的“儿童乐园”、河北省博物馆的“儿童艺术天地”、河南博物院开辟的“历史教室”等，均取得了较好的效果。

上海博物馆每年接待未成年人观众占全年观众总量的30%左右，于是，博物馆将更多的精力放在为未成年观众服务上。该馆精心设计未成年观众的教育活动，以激发兴趣为先导，有效利用博物馆资源，着力揭示文物的鲜活生命。每当有重要的展览，博物馆都委派馆内人员或志愿者到30所“文博基地”中小学校，开展“观前导览”讲座，讲解文物背后的故事，提出参观的要求和思考题，激发学生们的参观兴趣，并制作导览专用“文化包”，供教师辅导学生参观使用。同时，鼓励教师们把课堂搬到博物馆，例如针对历史课中的“孔子时代的音乐”内容，通过组织学生们观察和欣赏春秋战国时期的乐器，加深对古代文化与科技知识的理解，针对课程中“青铜器中的中国古代神话”内容，利用馆藏青铜器上的纹饰，讲解我国古代神话与社会现实的关系。上海博物馆的这些努力，使被动

① 白藜璠：《省级博物馆的社会价值、责任及发展方略》，见《携手2010：宁波国际博物馆高峰论坛论文选辑》，24页。

的“教育”转变为主动的“学习”，使青少年观众从博物馆这部“百科全书”中获得了更多知识[①]。实施免费开放后，湖南省博物馆学生观众大幅增长，占到观众总数的57.3%左右，学生观众成批成班级地到博物馆参观和接受教育，学校教师利用博物馆资源开展历史、艺术课教学，已经成为湖南省博物馆教育工作的重要组成部分。

近年来，博物馆努力创新为青少年教育服务的内容、形式和手段，设置专门服务中小学生的机构和人员，提升服务设施，不断改善服务质量。故宫博物院为贴近少年儿童趣味，聘请著名少儿节目主持人录制导游讲解。河南博物院等单位根据青少年的心理特点，编写了适合不同年龄段的讲解词，努力挖掘文物背后的知识和故事，增强知识性和趣味性。上海科技馆针对青少年策划了创新大赛、科普夏令营、科学小讲台、小小化学家等一系列丰富多彩的活动，这些活动的核心价值在于自主体验，而非被动接受。纽约大都会博物馆和古根海姆博物馆，积极建立有效的馆校联系制度，实现博物馆教育与学校教育的有效衔接，使博物馆真正成为青少年课堂教育的必要补充和校外教育的重要内容，例如专门为不同年龄段的青少年提供与之相应的美术教育课程，学校当中的部分课程也直接在博物馆中进行。奥地利国家自然史博物馆青少年服务部的口号是：观看、实验、发现、探索。英国自然历史博物馆为13岁以下儿童举办“自然历史俱乐部”，指导儿童完成野外或室内作业；对大学生除在一定程度上为某一课程提供大量展品外，还在暑假接待二年级以上的大学生，使他们了解藏品的广泛知识；对研究生，指定专门工作人员进行指导，并欢迎他们参加博物馆实际工作[②]。

---

① 顾咪咪：《博物馆成了课外“大学堂”》，载《解放日报》，2009-07-27(8)。
② 宋向光：《愉民育民 不辱使命》，载《中国文物报》，2008-04-25（6）。

国际博物馆协会希望各国的博物馆通过国际博物馆日开展各具特色的青少年教育活动。国际博物馆日，青少年在父母或老师的陪伴下，来到博物馆参加一系列快乐的学习活动。例如博物馆可以为青少年们提供复制他们最喜欢的油画、雕塑或纪念像的机会，通过模仿艺术作品，青少年们将有机会展示其才华；博物馆可以通过竞赛的方式对青少年们的作品进行奖励，他们所有的努力都应得到奖励；博物馆可以事先准备一系列的问题以及相关的暗示和线索，当青少年们徜徉在博物馆的展厅时，可以在其中寻找线索并发现秘密，从而测试孩子所掌握的知识和解决问题的能力；博物馆可以邀请青少年们把自己的独特收藏拿到博物馆来进行展示，贝壳、标签、昆虫、邮票、玩偶、纸牌等，与同龄人一起分享收藏快乐，培养青少年的收藏爱好。这些可供选择的、参与式的多向交流活动，对于青少年来说是有趣的和难忘的，同时也使他们有机会与其他的伙伴以及博物馆职工和观众进行

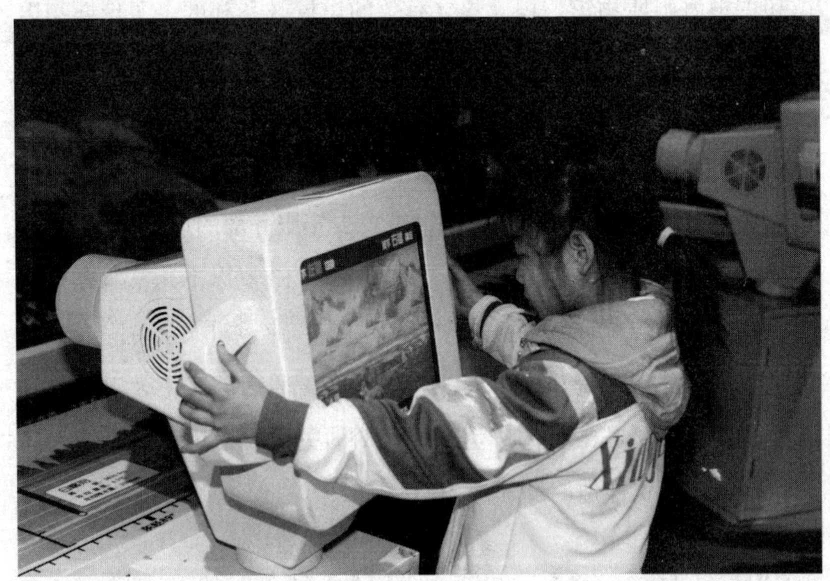

北京中国科技馆观众参与项目

交流[①]。英国的博物馆设立家庭活动日，专门为家庭观众设计展览服务项目，家长和孩子一起参观博物馆，共同体验各种教育活动，一方面父母和孩子在博物馆都能得到学习的机会，另一方面，无疑增加了观众的数量[②]。

首都博物馆根据市民的需求，开展遗址遗迹参观探索活动，由专业人员陪同文物爱好者、大中小学生、亲子家庭，访问庙宇寺观、探寻王宫府邸、触摸市井生活，感受古都北京的悠久历史，体验传统文明的博大精深。同时，开展不同形式的"博物馆进校园、进社区"计划，举办民众喜闻乐见的专题展览，并利用现代科技手段，实施"数字博物馆计划"，通过远程教育网络，使博物馆文化辐射广大农村地区。天津博物馆被附近的学校纳入整合优质教育资源，这些学校在组织活动时首先与博物馆取得联系。为配合学校素质教育和学校的新课程改革，博物馆定期邀请学校将历史课搬到"中华百年看天津"展厅，教师就是讲解员，展览则是立体的教科书。博物馆还将展览内容制作成若干专题，每段史实都有生动的故事。在一幅幅真实照片、一件件珍贵文物和一处处文化景观面前，同学们对自己家乡的历史有了真切直观的了解。一些平时对历史课不感兴趣的同学也喜欢上了历史课，文物展览也为教师的教学开辟了新天地[③]。天津自然博物馆在陈列馆一楼新辟"海洋世界"展区，将丰富多彩的海洋科普知识、馆藏珍稀标本与活体海洋生物有机融合，把绚丽多彩的海洋世界呈现给观众，展览的生动性、趣味性、参与性大大增强。

博物馆需要更多地与周边学校、家庭、社会联合起来，共同举

① 黄磊：《国际博协关于2006年国际博物馆日活动的说明与建议》，载《中国文物报》，2006-03-10（6）。
② 焦丽丹：《免费开放下的英国博物馆（上）》，载《中国文物报》,2009-12-16（7）。
③ 李玫：《博物馆走进社区的意义及途经》，载《博物苑》，2008（1），25页。

办一些与博物馆展览主题相关的活动，使博物馆教育真正成为学校教育的必要补充。例如对在校学生，可组织配合学校教学的现场实物教学，可组织专家学者与学生交流座谈，可组织“标本进课堂”的活动；假期，则可以组织学习兴趣小组、亲子课堂、户外考察等活动。在一些发达国家，博物馆通常被视为最重要的教育机构之一，参观博物馆历来是学校教育的一个重要环节。例如维也纳的中小学美术、音乐等选修课，艺术史等必修课，每周 2 学时。这些课程不一定在学校的课堂上进行，到博物馆参观同样可以计入课时。纽约自然历史博物馆为 3 ~ 9 年级学生编制两套《我们居住的世界》讲座教材。法国的博物馆对学生的教育活动分为两种：一是为 3 ~ 7 岁儿童开设博物馆入门教育班，培养对博物馆的兴趣和感情；二是为 7 ~ 18 岁中学生开设实物教育班，学生们在博物馆除参观陈列展览外，还利用幻灯、录像等视听设备学习历史、文学、自然科学等课程。在墨西哥，每年中学生学习历史和自然科学的课程时，都要去参观博物馆。在我国，上海高中二年级语文课本（试验本）、上海七年级中学语文课本（试验本）分别选用有关“晋唐宋元书画国宝展”的文章《百代法书》和《上博今日无眠》。

实现博物馆教育与学校教育的结合，需要充分发挥教师的积极性，在博物馆与教师群体之间形成紧密和谐的关系，互通有无，共同为青少年的成长和发展搭建起良好的平台。例如湖南省博物馆于 2006 年 7 月与长沙市中学历史教师联合会合作成立“长沙市中学历史教师沙龙”，沙龙所招募的会员都是现任的历史教师和研究人员，热心于对博物馆的历史文化研究。教师沙龙的成立，为社会教育工作带来了更大空间。针对教师沙龙会员，博物馆组织了丰富多彩的活动。随着一次次沙龙活动及合作项目的开展，不仅使更多的教育工作者了解了博物馆，进一步加深了会员们对博物馆的感情，而且吸引了更多的教师加入其中，促进了博物馆教育功能的发挥。在湖南省博物馆每逢新的展览开幕，均举办免费观赏专场，邀请教育部门领导、各学校校长和沙龙会员前来参观，增进教育工作者与博物馆之间的友谊，提高将博物馆文化积极融入教学活动的意识，使博物馆资源与学校教学切实结合成为可能。实际上，历史类、艺术类、自然类、科技类、名人类，以及民俗民族等各种类型的博物馆，都可以紧密结合相关学校教育，语文、历史、地理、生物、美术、自然等各类课程，也都可以根据需要，把课堂搬到博物馆，进行现场教学，发挥博物馆独特的教学功能。

目前，免费开放虽然拆除了博物馆的有形门槛，但是如果博物馆教育理念依然固守于“灌输教育”的模式，那么横亘在观众与博物馆之间的无形门槛依然不会打破，观众对博物馆仍然会敬而远之。为此，免费开放以来，在天津主要报刊媒体上连续登载了博物馆方面的知识介绍，例如《怎样参观博物馆》《老年人参观博物馆应该注意什么》《青少年参观博物馆注意事项》《博物馆为您提供哪些服务》《怎样看懂博物馆的陈列》等，为人们及时补上缺失的博物馆知识这一课，为科学参观、文明参观、愉快参观奠定基础，让观众知道文明参观不仅是对博物馆文化的尊重，而且是个人自身素养的体现。广大市民按照博物馆专家的指点前来参观，既省时、省力，又能很快抓住参观重点，取得良好的效果。如今很多博物馆重视博物馆文化的宣传，特别是在新展览推介、研究成果发布、重要藏品入藏等方面都会加大宣传力度。在今天的博物馆展览中，展览要素丰富多样，以各自独特的方式，履行着传播博物馆文化的使命。苏州博物馆的社会讲座名为《如何走进博物馆》，很多青少年观众，通过讲座的介绍和生动的演示，在走进博物馆之前，对文物藏品、对艺术陈列产生神圣感，不但在参观过程中自觉维护和尽情享受博物馆文化氛围，而且将文明举止及心灵感受传递给其他伙伴。

中国丝绸博物馆是国内最大的展示丝绸文化的博物馆。长期以来博物馆注重向青少年普及有关丝绸的知识，例如面向杭州市学龄前儿童和小学生开展的“大家来养蚕宝宝”活动。每年 3 月中国丝绸博物馆向幼儿园、小学校发出“大家来养蚕宝宝”活动的通知，并派出专业人员进行宣传，确定参加活动的幼儿园、小学。同时博物馆做好养蚕的前期准备：蚕种、桑叶源、蚕种孵化等。4 月底前后，博物馆开始发放蚕宝宝和桑叶。每位参加活动的学生可以领到一份养蚕用具：一个特制的蚕盒，内装有约 10 条二龄蚕（或 20 粒蚕卵），一份养蚕说明书，一袋桑叶。以后每周博物馆都会再给每位参与者一袋桑叶，直至蚕宝宝吐丝结茧为止。整个养蚕期间，博物馆派专人到学校举办蚕桑知识讲座，在博物馆的网站开设养蚕专栏，与养蚕学生在线交流，并要求学生写养蚕日记，拍摄养蚕过程，以蚕桑为题材作画，用蚕茧制作工艺品等。最后，这些作品经过评比，优秀作品在中国丝绸博物馆展出。经过多年实践，“大家来养蚕宝宝”这一极富中国特色的博物馆青少年科普实践活动，取得良好效果。同学们通过亲自养蚕，与蚕宝宝结下了深厚的感情，不但掌握了养蚕的全过程技术，而且了解了蚕桑丝绸文化的相关知识。

目前，在我国的学校教育中，以本地为主的地域历史、文化传统的教育比较欠缺，而博物馆在这些方面拥有十分丰富的资源。2007 年，湖南省博物馆举办“国家宝藏”大型专题展览，长沙市教育局专门发文倡导全市中小学生参观展览，并与湖南省博物馆联合举办有奖征文大赛和对全市小学生免费赠票 10 万张等活动。各沙龙会员也组织所在学校和学生们前来参观。同年长沙市的中考题试卷出现了一道分值10分的“宣传家乡”题目，画有一件四羊方尊，题意是“正在湖南省博物馆举行国家宝藏展览中，这个文物特别显眼，陈列在正厅专用的展台上，为什么博物馆要为这件文物设专用展台？”要求学生完成一个解说词提纲。博物馆的展览内容列入中考试题，在全国是头一次。中国国家博物馆配合中小学教材，编辑《中国历史》《社会发展史》等教学幻灯片，中小学《历史教学挂图》等形象的教学参考资料。内蒙古博物馆为小学教学大纲所制定的“学生综合实践课”，设置了一整套教学方案，开设环境保护、石器打制、青铜器铸造、陶瓷制作、蒙古包的搭建、奶制品制作等课程。赣州市博物馆参与教育局主编《赣南历史》乡土教材，株洲市博物馆与中学合作编写地方史校本课程，都将参观博物馆纳入学校课时。这些都是博物馆教育与学校教育有效衔接的可喜结果。

在故宫博物院文保科技部新址规划汇报会上的讲话

（2012年3月15日）

故宫博物院文物保护需求具有以下特点。一是门类繁杂、工艺种类繁多。二是文物修复周期长。三是待修复的文物数量大。四是国内外展览多，文物的流动大。根据故宫博物院文物藏品的这些特点，新建文保科技部新址必须定位于国内领先、世界一流的文物科技保护设施和机构，作为文物保护国内外交流的平台和展示文化保护成果的窗口。

实现国内领先、世界一流文物科技保护机构的目标，需要有一定的物质基础，包括空间、房屋、设备等。不但需要办公室、实验室、修复工作室、专家接待室、接待用房、资料室、储藏室等合理布局，同时能源保障、安全保障、防震保障等基础条件都要具备应有的条件。文保科技部新址的总建筑面积13000余平方米，可以用于文物科技保护的使用面积实际上仅有7343平方米，从长远来看并不宽裕，还可以充分利用西玉河基地，设置专业实验室、修复工作室、囊匣制作工作室、非物质文化遗产传承项目工作室，特别是使用明火的修复工作室更不能安排在故宫院内。

比物质基础更重要的是专业人才，特别是掌握先进理念的专业人才，关键是领军人才的培养。在专业人才不能满足的情况下，可以引进专业人才，作为客座研究修复人员，与我院专业人员合作开展工作，这也是培养我院专业修复人才的有效方式。

在端门“故宫数字展示馆”展示方案汇报会上的讲话

（2012年4月25日）

在信息化时代，人们被越来越多地纳入数字化生存状态，逐步改变以往习惯的工作和生活方式。信息技术和互联网技术的高速发展，也为记录和保护文化遗产提供了新的手段。今天，传统博物馆的展示方式，由于受时间、空间的限制，无法满足参观者特别是青少年的个性化需求，而信息传播方式的革命，打破了博物馆文化传播的壁垒，从博物馆网站到数字化博物馆，再到数字博物馆，一系列的探索与实践，使博物馆文化的传播方式呈现出跨越式发展的趋势。

数字化博物馆是指实体博物馆利用数字技术，对本馆藏品征集、保护、研究、传播、展示以及内部管理进行数字化处理后的博物馆，具体是指在实体博物馆中建立一套包括藏品管理在内的数字化展示应用系统，以提高实体博物馆的工作效率和管理水平，是信息时代现代博物馆建设发展的产物。数字博物馆不是数字化博物馆。数字博物馆是运用数字、网络技术，将现实存在的实体博物馆的职能以数字化方式完整呈现于网络上的博物馆。具体来说，就是采用国际互联网与机构内部信息网信息构架，将实体博物馆的业务工作与计算机网络上的活动紧密结合起来，构筑博物馆大环境所需要的信息传播交换的桥梁，使实体博物馆的职能得以充分实现。

与实体博物馆相比较，“数字博物馆具有信息实体虚拟化、信息资源数字化、信息传递网络化、信息利用共享化、信息提供智能化、信息展示多样化等特点”。在这里，最为关键的是信息实体虚拟化，即数字博物馆的一切活动，都是对实体博物馆工作职能的虚拟体现，都以实体博物馆为依托，同时又反过来作用于实体博物馆，是对实体博物馆职能和功能的辅助、拓展和延伸。在数字博物馆里能完整、真实地看到某一实体博物馆的收藏、陈列、展览等方面情况。数字博物馆资源不仅仅是藏品资源，还包括实体博物馆教育、服务等相关的各类资源，而各类资源又包含文字、图片、音像、声音等不同的信息载体。

长期以来，故宫博物院采取原状陈列、固定陈列、专题陈列等多种方式服务观众，虽然拥有权威性地解释和展示故宫文化的能力，但是施展的空间有限。由于各方面原因的制约，故宫博物院系统整体陈列展示条件仍然薄弱，这使得博物馆文化的传播水平和民众期望有较大的差距，文物建筑和文物藏品的内涵及外延没有完全表现出来，参观者对故宫博物院的了解极为有限，不能很好地满足参观者的广泛需求。同时，参观者的知识需求越来越朝着多样化、个性化和层次化的方向发展，希望获得大容量、多角度、全场景的文化体验，希望博物馆能够提供一系列与之相关的增值服务，这些都对传统意义上的博物馆服务提出了挑战，再坚持以往的陈列展示方式和观众服务模式，已经很难适应时代发展的需要。进入 20 世纪中期以后，博物馆逐渐认识到要实现观众的平等化、服务的大众化、内容的多样化、陈列的特色化等的必要性，并开始向接受这些趋势的方向转型与发展。同时，从 20 世纪 60 年代起，博物馆文化对于社会生活的重要性，已经在科学技术领域引起重视，在揭开“文化交流新媒介”神秘面纱的努力中，起着举足轻重的作用。

故宫博物院端门数字博物馆

随着信息化影响的日益广泛，出现了不以实物为基础，而是以信息为基础的“数字博物馆”。博物馆系统的技术条件包含软件开发情况、硬件设施情况、专业研究团队情况、信息领域企业和部门的合作情况、信息化方面投入资金情况等。过去博物馆系统与信息领域关联较少，更缺少自己的尖端信息技术和科研力量。但是，随着博物馆信息化工作的深入开展，这一情况已经逐渐改观。一些博物馆在信息领域拥有了相当高端的科技成果，特别是在虚拟现实、网络监测等前沿领域更是领先于其他科研单位。相当多的博物馆建立了自己的信息中心，专门进行信息管理。一些大型博物馆甚至拥有了自己的科研团队，调集了专门的科研资金进行博物馆信息化研究。一些博物馆信息化案例更能体现出这些技术条件的成功应用。

近年来，敦煌研究院通过制作虚拟洞窟供游客欣赏参观，为缓解石窟开放的压力、保护壁画提供技术保障。人们可以从任意视点、任意视角观察洞窟的三维图像，虚拟展示敦煌石窟的美轮美奂，产生了极大的震撼力。数字壁画图像可以用来制作虚拟洞窟游览、多媒体展播节目、多媒体展示等，为游客提供数字高科技服务，不仅实现了洞窟的逼真重现，还可用于引导浏览、查询详细的敦煌壁画资料。目前正在实施的敦煌莫高窟保护利用工程是莫高窟保护史上规模最大、涉及面最广的一项综合性保护工程。其中利用现代数字技术，完成敦煌莫高窟170个A级洞窟的文物影像拍摄、加工处理和数据库建设；同时修建游客服务中心，通过主题电影、洞窟球幕电影等现代数字展示手段，向游客展示一个全新的“数字敦煌”。将来在新建成的游客服务中心，通过多种先进的数字展示设施和方法，让游客全面了解莫高窟的自然、历史背景和洞窟实景之后，再到洞窟内实地参观，实现更好的参观效果。

故宫博物院的信息化、数字化建设起步较早。故宫博物院早在20世纪90年代，便开始进行信息化建设，先后完成了藏品数字化项目、门户网站建设项目、数据库建设项目、办公软件开发项目等信息化基础项目，实现了数字信息的采集、保管、应用、检索、传播，并建立了数字信息库、数字网络。经过10余年的努力，故宫博物院已经拥有了自己的越来越强大的专业信息化队伍，设立了资料信息中心，专门从事数字信息资源的管理和新型信息技术的研究。

在故宫博物院网站建设中，提供紫禁城的电子地图、建筑搜索、建筑资料，还提供紫禁城的历史资料、宫廷人物、宫廷往事、宫廷典制、文化风俗、宫廷珍宝等资料。与日本凸版印刷企业合作建立的故宫文化资产数字化应用研究所，应用数字技术研制虚拟紫禁城系列影视节目，完成了《天子的宫殿》《倦勤斋》等作品，通过与观众的互动参与，由外到内的解构与再构，再现了紫禁城宫殿建造过程与结构细节。与IBM公司合作的“超越时空的紫禁城”，通过运用全球领先的交互式观众体验系统和互动、实时的高科技手段，为实地和网络的观众提供超越时空的独特体验。

“数字故宫”项目的建设使参观者可以凭自己的兴趣，选择特定的展品无限时地仔细观看、研究，极大地提高观赏的自由度，体现出个性化的特征。这些项目构筑了紫禁城“数字博物馆”，现实世界中紫禁城的建筑、历史、文物都在虚拟世界中有所体现，参与者可以通过完全互动的方式，具体查看所选文物的细部特征，深入了解紫禁城及馆藏文物更丰富的背景知识，还可选择参观紫禁城历史上的某些重要事件，以戏剧般的形式体验曾经的历史情境，获得在历史情境中角色扮演的难得机会。

博物馆信息资源的传播途径尤为重要，否则博物馆只是一座堆放大量珍贵文物藏品的仓库，起不到文化传播的作用。故宫博物院拥有各类馆藏文物 180 余万件，馆藏文物的数量和价值均居全国之首。但是，长期以来每年展出的馆藏文物只有不足 2 万件，大多数文物藏品只能长年沉睡库房，无缘与观众相识，而通过数字化技术，这些文物可以呈现在民众面前。如今故宫博物院已经对其藏品全面数字化，其高清晰的数字图片达到 50 多万幅，拍摄数字视频近万段，累积了数目巨大的数字信息资源。然而要将博物馆中数量巨大、形式多样的信息资源加以有效传播，并不是一件容易的工作。在设计其传播途径时，必须综合考虑博物馆信息资源的内容特点和表现形式、博物馆信息资源的数据特点、受众的鉴赏习惯和兴趣需求、现有的信息技术等多种因素。如果没有对这些因素的深入思考，设计出来的传播手段就有可能脱离观众，引不起观众的共鸣。

故宫博物院数字博物馆在什么地方选址，需要多方案比较。一是在现在的故宫文化资产数字化应用研究所，结合故宫西部的慈宁宫、慈宁花园、寿康宫等文物建筑群的开放，作为数字博物馆的一部分实现对外开放；二是端门城楼，目前没有合理利用，便于开放、停车，城楼上面的平台比较开阔，有利于人流疏散，可以在故宫闭馆之后，为北京的市民和文化旅游贡献一处文化设施；三是大高玄殿，经过修缮以后，既作为“故宫讲坛”，又作为数字博物馆的一部分对公众开放。数字博物馆可以不仅仅是一个地点，而是由多个地点共同组成的，例如还可以包括故宫博物院已经建成的“数字故宫体验馆”“视频节目播放区”“电子技术互动展示室”等项目，组建成立体形态、复合构成的故宫博物院数字博物馆。

故宫博物院数字博物馆的服务对象应该既包括来京游客，也包括北京市民，实现多功能利用。还要深入研究故宫博物院数字博物馆的投资方式、运营方式、管理方式，特别要认真考虑安全保障，包括文物建筑安全、观众安全、设备安全。

在故宫博物院古陶瓷重点科研基地学术年会上的讲话

（2012年5月17日）

晚上好！开了一天的会大家辛苦啦！

面对在座的各位学术委员会委员，我十分感慨，也十分感动。为了对故宫博物院的古陶瓷研究工作给予咨询和指导，大家将各自担负的重要工作暂时放置一边，千里迢迢，甚至万里之外来到故宫出席科研基地的学术年会，我代表故宫人衷心地感谢大家！

为什么会出现今天这样高朋满座的盛况，我想是因为在故宫人的背后，有一个象征我们中华民族几千年灿烂文化的故宫。故宫是全民族的，是在座每一位的。大家心系故宫，把故宫的事当成了自己的事，对故宫倾注了一种特殊的感情。有了这样的感悟，我们故宫人更增添了一种责任感，更增添了一种对故宫所藏文物、所载文化的敬畏。

国家文物局古陶瓷重点科研基地，2009年正式挂牌成立，至今刚刚是第三个年头，应该说还是一个年轻的集体。三年来，我们遵照“开放、流动、联合、竞争”的运行机制，搭建科研平台，汇集社会资源，积极开展学术交流与合作，不断推动科研工作的深入开展。在此期间，得到了很多学术委员的大力支持、热情帮助和积极参与。

我们的微痕无损瓷器鉴定方法就是在基地学术委员会主任朱清

时院士的指导下建立起来的。朱清时院士说，我的想法就是想把多年的研究成果应用到故宫的古陶瓷真伪鉴定工作中。为此，朱清时院士亲临实验室向大家讲授研究方法，邀请基地科研人员到他的实验室具体指导实验技术。而且这些工作都是在他身为南方科技大学校长，身处教育改革的前沿，是在他受到非议和责难、承受巨大压力的情况下，挤出时间安排的。朱清时院士还将中国科学院沈阳分院院长包信和院士推荐到了学术委员会，希望将高科技引入故宫的古陶瓷科技研究工作中。在包信和院士的指导下，中国科学院大连化学物理研究所与科研基地的科研合作已经展开。包信和院士以院士科学家的特殊视角，安排实验，解读实验数据，使我们考虑问题的视野更为开阔。包信和院士日常的学术研究工作常常持续到深夜，他却安排出专门的时间前来参加基地的活动。

原中科院上海硅酸盐研究所所长、现上海大学校长罗宏杰教授，刚刚到了一个新的领导岗位，百事缠身，却也抽时间前来参加基地的活动。罗宏杰校长有一句名言："故宫想怎么用我，就可以怎么用我。"

三年来基地设立了四项开放课题，其中两项是由美国亚利桑那大学范黛华教授和陕西科技大学王芬教授分别承担的。她们一方面积极开展课题研究工作，另一方面将基地年轻的科研人员纳入课题组，在科研实践中为故宫培养人才。

学术委员伍德教授则与基地的科研人员建立了长期的通信联系，针对科研工作中的问题，随时给予指导。为科研基地与欧洲国家之间建立起交流与合作的关系起到了重要的作用。

国家文物局专家组组长王丹华研究员，在科研基地遇到哥窑盘事件的时候，作为国家文物局专家组成员，实事求是地参与调查，客观公正地发表意见，体现了王丹华先生对科研基地的爱护之情。

复旦大学承焕生教授、上海博物馆夏君定教授、江西景德镇陶瓷学院副院长吴隽教授，都在科研基地申报课题、对外学术交流、论文发表等方面发挥了很好的作用。

北京市文物局在科研基地的建设方面则给予了始终如一的热情指导与支持。

故宫人是重感情的，委员们对故宫人的帮助与支持故宫人都将记在心里。同时，这也是激励我们勤奋工作、努力创新、不断攀登科学高峰的直接动力。

在明代宫廷生活史学术研讨会上的发言

（2012 年 8 月 23 日）

首先祝贺明代宫廷生活史学术研讨会的召开。借此机会我讲三点意见。

一、故宫博物院对于明代宫廷生活史研究的特殊意义

紫禁城是明清两代的故宫。从 1420 年明朝永乐皇帝完成紫禁城宫殿建筑群的建设，到 1911 年清朝末代皇帝溥仪退位，作为专制时代的政治中心，故宫有 490 多年的历史，其中有 220 多年是明代的政治中心。因此，今天的故宫博物院对于明代宫廷生活史研究，具有相当特殊的意义。

第一，今天的故宫虽经清代多次改建和扩建，但是基本格局都是明代的，至少是永乐到正统年间逐渐奠定的，清代皇家的大规模建设主要集中在北京西北郊的“三山五园”和承德避暑山庄等处，对于紫禁城的改扩建规模不大，并没有从根本上改变明代的宫廷格局。因此，今天的故宫仍然是研究明代宫廷生活空间的最直接最直观的对象。实际上包括今天的中山公园、劳动人民文化宫、景山公园、北海公园以及中南海在内的相关区域，都是当年明代宫廷生活的整体空间，中山公园的社稷坛，劳动人民文化宫的太庙，尤其是中南海一带过去称为太液池、西苑，都是明代帝王经常进入甚至长

期居住的地方，其中嘉靖皇帝就多年住在西苑，因此，以故宫为主体的宫廷建筑群是了解和研究明代宫廷生活必不可少的历史遗迹。最近，由中国紫禁城学会组织科研力量，承担的故宫博物院科研课题《明代宫廷建筑大事史料长编》第一卷四册本已经正式出版。

第二，故宫收藏有大量的与明代宫廷生活相关的文物，据不完全统计，故宫 180 万件文物中，约有 1/10 是明代的文物，这些文物都从不同的角度不同程度地反映出明代的宫廷生活。其中有些文物还相当直观、相当生动地记述了明代的宫廷生活。例如两幅《明宣宗行乐图》，其中一幅由六个相对独立的部分组成，分别描绘了当时明宣宗在宫中举行多种游戏的场景，包括投壶、击球，还有类似今天的小规模高尔夫球等活动，另一幅是描绘明宣宗出行途中的大场景，随行人员的服饰、装束异常丰富，生动地描绘了宣宗出行的隆重、豪华场面。这些都是其他文献史料无法替代的明宫生活资料，具有相当高的历史文化价值。

第三，故宫拥有一批高水平的明代宫廷文物研究专家，这些学者的研究成果包括瓷器、金银器、铜器、漆器、珐琅器、书画、玉器、符牌宝玺、佛造像等方面。涉及明代宫廷生活的众多领域，包括明代的宫廷宗教、绘画、书法、装饰、风俗、建筑、权力象征、财权、社会结构、文学、典制等，同样是研究明代宫廷生活史不可替代

的一支学术力量。同时，由故宫博物院《故宫学刊》编辑负责主持撰写的几种“明代宫廷史研究丛书”，集中了故宫的有关专家，例如《明代宫廷典制史》一书宝玺的部分就是由故宫博物院的专家郭福祥先生撰写，因此故宫的学术力量正在并且将继续在明代宫廷史研究中发挥巨大的作用。

二、明代宫廷史研究已取得的较为显著的成果

从 2006 年开始，故宫博物院启动了“明代宫廷史研究”的科研项目，发动并集中了故宫博物院内外、海峡两岸的学术力量，逐步开展了对明代宫廷史的研究活动，并且以丛书的形式来展现研究成果。经过大家几年来的不懈努力，目前的明代宫廷史研究已取得了较为显著的成果，有三个重要的标志。

第一是近几年每年都召开一次大型的学术研讨会，研讨的内容逐步扩大，从前几次和这次会议的论文题目来看，一部分内容超过明史和文物研究的美术史、文学史、建筑史、外交史等领域。

第二是出版了第一批四种“明宫史丛书”，包括《明代宫廷建筑史》《戏剧史》《陶瓷史》和《典制史》，据说第二批丛书已接近完成，大体上包括《明代宫廷家具史》《园林史》《织绣史》《女性史》《司法史》等，其余各种书稿也在撰写之中。

第三是有越来越多的学者加入到明代宫廷史研究的队伍中，并且明代宫廷史的研究越来越受到国际学术界

的关注。除了大陆的学者之外，“台北故宫博物院”等台湾学者也成为“明宫史丛书”的重要作者。一些外国学者纷纷参加故宫的明代宫廷史研讨会，并邀请故宫博物院学者出访外国进行学术交流。明代宫廷史研究能有今天这样的成果和局面，同在座各位的辛勤努力是分不开的。

中国和西方一样，具有悠久而发达的宫廷史，但是由于种种原因，一个时期以来，中国的宫廷史研究落后于西方，宫廷史在中国的学术界甚至没有形成独立的地位。故宫博物院内外的有识之士对此已有较为清醒的认识，因此从本世纪初开始，故宫博物院非常关注和支持宫廷史研究，并从人力、物力、财力等方面具体扶持明代宫廷史的研究项目，终于使我国的明代宫廷史研究有了一个较为良好的开端，并且得到了我国学术界乃至国际学术界的认可和肯定。

三、会议议题的意义及今后的希望

这次会议是明代宫廷生活史研究学者的一次盛会。一方面，应邀参加这次研讨会的代表有来自中国社会科学院历史所、北京大学、南开大学、东北师范大学、黑龙江大学、福建师范大学等高等院校和学术单位的专家学者，还有来自海峡对岸的台湾学者，来自法国、荷兰等国家的国际知名学者，以及故宫博物院有关部门的研究人员。另一方面，参加这次会议的除了故宫博物院和明史界的专家学者之外，还有清史界、社会史、美术史、建筑史等方面的专家学者。

这次会议的主要议题有两项，一项是各位学者将各自明代宫廷生活史的研究成果加以公布，相互交流，相互促进，推动明代宫廷生活史研究的进一步深入；另一项是商议和讨论《明代宫廷生活史》一书的撰写框架、主要内容等，并且为“明宫史丛书”的整体撰写工作提供有力的支持。不论是哪个议题，都是非常重要、非常有益，虽然一次会议解决不了所有的撰写问题，但是只要大家积极献策，根据自己丰富的经验和学识提供有益的帮助，相信这次研讨会能够达到预期的目的，也会最终写出一部颇有新意的《明代宫廷生活史》。

目前，同国外的宫廷史研究相比，甚至同国内的清代宫廷史研究相比，明代宫廷史研究仍然相对薄弱。希望通过这次研讨会进一步推动我国明代宫廷史的研究进程，同时也促进故宫学术事业的发展，提高和扩大故宫文化的社会地位和影响。故宫是明清两代的故宫，清代的宫廷史与明代有许多继承的因素，今后可以逐步开展明清宫廷史的对比研究，这项工作对于清代宫廷史乃至整个中国宫廷史研究，都有非常积极的意义。

同时如果条件允许，还可以走出去，逐步开展明清宫廷史与同时代西方宫廷史的对比研究，例如可以从皇位继承、宫廷婚姻、辅政集团、宗教势力对宫廷政治文化的影响、宫廷规划格局、权力象征、宫廷与社会、国家与宫廷的关系等一些具体问题入手，同西方一些宫廷史研究发达的国家展开合作，不仅对比东西方宫廷文化的不同点，进而可以探讨人类社会在宫廷历史方面的不同格局，宫廷史在东西方文明中的不同作用，乃至今天各国宫廷文化遗产的传承差别等。

总之，今天召开的研讨会很有意义，希望这次会议不仅仅是一次研讨会和撰稿会，而且更是进一步推动明代宫廷史研究鼓劲的会，是进一步推动故宫学术研究加油的会。希望大家今后多来故宫，通过大家共同努力让世界了解故宫文化，也让故宫文化走向世界。

在中国紫禁城学会第四次会员大会暨第八届学术研讨会上的讲话

（2012 年 9 月 27 日）

中国紫禁城学会第四次会员大会暨第八届学术研讨会

首先，我要向中国紫禁城学会新一届理事会的当选表示热烈的祝贺！我相信在郑欣淼会长的领导下，第四届理事会能够把中国紫禁城学会办得更好。

中国紫禁城学会在我的心目当中始终是一个高水平的学术组织。1995 年，我作为北京市文物局局长应邀出席了学会的成立大会。大会盛况至今历历在目，堪称是群贤毕至，人才济济。学会的发起人和首届理事会会集了我国文物、考古、古建筑、城市规划、文献档案、历史学、美学等多学科的带头人。学会通过了《章程》，以研究和保护全国重点文物保护单位、世界文化遗产故宫为核心宗旨和首要任务。17 年来，学会的三届理事会持续地遵循着《章程》确定的宗旨和方向，团结广大会员，广泛地凝聚研究力量，举办规范的学术活动，并把会员的研究成果及时结集出版，先后出版了 6 部论文集。把学会办成了一个真正的学术平台和科研基地。学会还编辑出版了 30 期《学会会刊》，成为会员们沟通信息、发表看法的园地。今年春节，我到学会去调研，看到这些厚重的成果，也十分感动。一个学会，坚持不懈地沿着正确的方向进步，实在是不容易。

我到故宫博物院工作以来，对故宫博物院的基本情况和管理状况进行了调研，向故宫博物院的专家学者学习，使我对故宫和故宫博物院的认识得到不断深化和提高。故宫博物院的同人们认为，故宫博物院最近的十年是事业发展成绩最突出的十年，完成了许多重要的工作，做成了许多大事，例如故宫古建筑群以前所未有的力度在正常开放的条件下进行的整体保护维修，例如以前所未有的力度对 180 万件院藏文物进行的 7 年整理，例如故宫博物院以前所未有的力度与世界著名博物馆开展交流与合作，例如以前所未有的力度收回了大高玄殿、端门广场等被占用的文物建筑，使故宫世界文化遗产更加完整。同时我也深深感到，保护故宫，发展故宫博物院的事业，也还有大量的工作要做，需要我们继续努力拼搏。故宫博物院的文物藏品结构是个倒金字塔形，珍贵文物占绝大多数，一般文物是少数；故宫收藏的传世珍贵文物占全国传世珍贵文物的 60%，这个数字让我一则以喜，一则以忧。面对如此丰富而珍贵的文物收藏，故宫博物院的文物保管条件，特别是安全防范的技术条件应该不断加强，应该是世界一流的设施、世界一流的技术。而且故宫博物院的参观人数还在不断创下新高峰。这些情况使我们感到沉重的压力和责任。我们要把“平安故宫”作为开展一切工作的基础，“平安故宫”保护的对象一是故宫112公顷用地范围内16余万平方米世界最大规模的木结构古建筑群，二是180万件故宫博物院的文物藏品，三是1500万左右并且不断增长的故宫观众。文物建筑、文物藏品和观众安全三者同样无比重要。我们设想，到2015年，基本消除各类安全隐患，世界遗产故宫初步达到健康运行；2020年，也就是紫禁城建成600周年之际，故宫博物院全面进入世界先进博物馆行列。

在这样一个任务和目标面前，我们必须动员和凝聚所有的力量。故宫博物院的全体员工都准备为了实现这个目标继续努力拼搏。我们坚定的信心还来自中国紫禁城学会，来自中国紫禁城学会的支持。中国紫禁城学会与故宫博物院有着天生的紧密关系，我认为他们是同一个母体上成长起来的亲兄弟，只是一位年长，一位年少。中国紫禁城学会成立时“挂靠”在故宫博物院，这一条写进了相关文件。17年来，我国的经济建设和社会发展都取得了飞速的发展，管理方面也有一些新的变化，现在不再提“挂靠”了，但是故宫博物院与学会的亲兄弟关系没有变化，变化的只是一些管理规则。故宫博物院始终把紫禁城学会作为非常有实力的、可以依靠的专业机构。故宫博物院希望学会承担更多的课题研究和课题组织工作，我们会为学会提供必要的保障条件。我们老院长张忠培先生讲，故宫古建筑的研究资料应该具备三大类，一类是历史信息、档案资料的收集整理发布；第二大类是故宫古建筑的实测图；第三大类是故宫古建筑的维修工程报告。我非常赞同他的意见。学会已经用了7年多的时间，收集整理了文献档案，取得了初步成果，得到专家的高度评价。我希望学会能够继续把后两类资料的取得、整理和出版工作抓起来，故宫博物院负责经费的筹集和其他保障工作。前几天我征求了晋宏逵副会长的意见，他也认为这是非常必要进行的工作，学会应该抓起来。我还征求了中国紫禁城学会中的高等院校和其他科研机构对这个任务的想法，他们马上表示要积极为这些工作提供技术力量的支持。

在中国紫禁城学会新一届理事会开始工作的时候，我在祝贺的同时，也提出这个新的任务目标，供中国紫禁城学会的各位领导参考。这叫“一家人不说两家话”。我期待着中国紫禁城学会的新发展，也期待着我们共同为故宫和故宫博物院，以及其他文化遗产的研究和保护做出更突出的贡献。

此次中国紫禁城学会第四次代表大会在十堰市武当山特区召开，具有特殊的意义。故宫和武当山至今都保留着雄伟壮丽的明代皇家古建筑群，保留着大量重要的明代宫廷文物和道教文物，为我们今天的研究留下了许多实物资料。故宫和武当山作为中华民族文化的载体，又同为全国重点文物保护单位和世界文化遗产，当前同时面临如何更好地保护与利用的永恒主题。近年来，故宫博物院和武当山特区管理委员会共同努力，举办“故宫·武当山（明代）紫禁城文化研讨会”，将北京宫殿与武当山宫观进行多角度的比较，不断深入认识它们的内涵和价值，从不同视角拓展紫禁城文化的深度和广度，合作交流不断深化，这一过程充满智慧。

今年6月我曾到武当山特区学习，收获很大，感受到故宫和武当山两者有着深刻的历史背景和密切的文化渊源。希望通过不懈的努力，进一步加强故宫博物院、中国紫禁城学会和武当山管委会的合作，加强对明代宫廷史、建筑史、道教史的研究，以及对武当山文化景观的山川形胜、历史变革、总体布局、建筑规模、兴工过程、经济支撑、宗教管理等方面的综合研究，并在世界文化遗产监测、文物建筑修缮、文化景观遗产保护、考古遗址保护、非物质遗产保护，以及文物藏品保护、专业人才培养、举办陈列展览等领域扩大学术研究交流和合作的视野。

在故宫博物院 2009—2011 年科研与出版成果评奖活动时的致辞

（2012 年 11 月 23 日）

故宫博物院科研与出版成果评奖

尊敬的学术界、文博界的各位同行，各位评委，大家上午好！感谢各位专家学者抽出宝贵的时间参加故宫博物院 2009—2011 年科研与出版成果评奖活动，你们的到来将确保此次评奖结果的权威性和公正性。

三年前，在郑欣淼院长的主持下，故宫博物院就 1991 年到 2008 年 18 年间的学术、出版和展览成果进行了评比，经过在座各位严格的评审，顺利完成了评奖工作，取得了很好的效果。

在博物馆的收藏、展示、研究、教育、传播等项专业化功能中，科研工作是不可或缺的重要功能。我们所说的科研并不是一个狭义的概念，凡是研究博物馆的安全与管理、文物与保护、展览与宣教等工作，都是科研学术的中心任务。科研工作的成果会直接影响博物馆的安全管理、文物保管、陈列展览和图书出版的水平。

故宫博物院的学术研究伴随着故宫博物院的整个成长历程。故宫博物院自建立起，就陆续得到北京大学，清华大学、北京师范大学等单位的诸多学者们的学术支持和真诚帮助。故宫的学术研究首先要故宫人以科学的态度自觉和发奋，但仅仅这一点是远远不够的，我们应当借助社会各界的学术力量来评判故宫的学术研究成果，帮助我们树立学术标杆。故宫的学术标杆有赖于学术界的高标准和严要求，今天我们仍然要坚持将故宫博物院的科研成果交给具有国家级学术水准的评委们来判断，以学界公认的学术标杆，来衡量故宫博物院的学术水准，使故宫博物院的业务人员明确未来的努力方向，达到学术思维的独立性，学术成果的独特性，在此基础上，实现博物馆的学术成果为社会所认同和共享。

在“民国时期故宫博物院史”学术研讨会上的讲话

（2012 年 11 月 3 日）

民国时期故宫博物院史学术研讨会

在故宫博物院建院已达 88 周年之际，我们在这里隆重举行“民国时期故宫博物院史”学术研讨会，我谨代表故宫博物院对会议的召开表示热烈的祝贺！对与会各位专家学者表示诚挚的问候！

1911 年，辛亥革命推翻了清王朝统治，结束了统治中国几千年的君主专制制度，紫禁城从一处专制帝王的皇家宫殿逐渐转变为一处历史遗迹，进而逐步走向一个公共的博物馆，目前它已成为一处举世瞩目的世界文化遗产。故宫博物院近 90 年的发展演变历程值得我们深入研究和探讨。此次“民国时期故宫博物院史”学术研讨会将就民国时期社会变革与故宫博物院之间的互动、民国时期故宫博物院对中国文物保护和文化交流事业的影响以及民国时期政要学人与故宫博物院的渊源诸多问题展开研究讨论，其学术价值和实践意义十分重大。我认为，它将为我们全面了解故宫博物院提供翔实的研究资料和成果，也将为当下故宫博物院的发展以及中国公共文化事业的建设提供历史借鉴和参照。借此机会，我谈谈个人对于开展民国时期故宫博物院史研究的几点理解和期望。

一、研究和探讨民国时期故宫博物院史，有助于我们了解故宫博物院的研究价值和史学意义。作为一种文化现象，清季紫禁城转变为故宫、民初故宫及其文物转向故宫博物院、抗战时期故宫文物的辗转迁徙及海内外展览，这些历史性的改变均与当时的国家政治局势、社会文化环境等存在着紧密联系，值得全面研究和深刻诠释。

1924 年至 1925 年间，紫禁城这一独特空间经历了一个重要转变：原属于专制帝王独享的皇家禁御逐渐转变为供社会民众共享的公共博物馆。1924 年 11 月 5 日，国民军“驱逐溥仪出宫”“修改清室优待条件”；1924 年 12 月，组织“办理清室善后委员会”，点查清宫古物，筹备博物馆和图书馆；1925 年 10 月，故宫博物院在“双十节”开院，公开展览，接待游客。尽管从“紫禁城”走向“故宫博物院”的历程充满曲折和艰难，但其意义和影响却十分深远。时人将故宫博物院的开院赞誉为“辛亥革命未竟之事业”。

1933 年至 1946 年间，一万多箱故宫文物为避战火，开始了一场艰苦卓绝的大迁徙。1931 年“九一八”事变后，华北政局动荡，平津文物岌岌可危。1933 年 2 月至 5 月，以故宫为主的文物分五批南下避寇，暂存于上海，后转藏于南京朝天宫保存库。1937 年

“七七”事变后，故宫文物又分三路向西疏散：南路取道湘桂，直奔黔川，存于安顺、巴县；中路溯长江，经重庆，存于安谷；北路经陇海，至宝鸡，越秦岭，经汉中，穿古道，存于成都、峨眉。抗战胜利后，三路文物陆续集中重庆，东归南京。据统计，日军侵华期间，中国文物损失惨重，唯故宫文物损失甚微。时人将这场旷世传奇的文物大迁徙归功于“国家的福命”。

1933 年至 1948 年间，在战争的间隙或是战时，故宫博物院曾参与或组织国内外文物展览会达 10 余次。1935 年 4 月至 1936 年 6 月间，为“敦睦中英邦交”“使西方人士得见中国艺术之伟美”，735 件故宫文物参加“伦敦中国艺术国际展览会”，先后在上海、伦敦及南京展出，影响极为深远。1939 年 9 月至 1941 年 6 月间，“为使苏联民众了解中国文化及抗战情绪”，100 件故宫文物赴苏联参加“中国艺术展览会”，先后在莫斯科、彼得格勒展出。1943 年 12 月至 1944 年 4 月间，为“报答西南父老协助运输、保卫之劳”，故宫博物院精选部分书画作品，先后在重庆、贵阳、成都等地举办故宫书画展览会。这些展览活动被中西方学者阐释为“一个不屈不挠、生生不息的民族的象征”。

衷心希望各位专家学者潜心研究，发掘文献，还原史实，不断推进民国时期故宫博物院史研究。同时希望各位专家争取多设立课题项目，多出版学术论著，不断提升故宫博物院史研究在相关领域的学术影响力。

二、研究和探讨民国时期故宫博物院史，有助于我们明确故宫博物院的价值取向和社会责任。作为一种文化载体，故宫、故宫文物和故宫博物院不仅联结过去、当下与未来，而且沟通两岸与中外，其研究仍具有特殊的现实意义。我们可以明确，故宫由昔日的专制皇宫转变为公共博物馆，这一历程本身承载了丰富的历史内容，同时也包含了由传统走向现代的意涵。故宫博物院的现代性和当下性，值得进行理性剖析和全面考量。

首先，民国时期故宫博物院史研究在中华文化复兴进程中的典型意义。作为中国的一个重要文化标志，作为中华历史文化的一个重要载体，故宫、故宫文物和故宫博物院在整个中国文化复兴之中的典型意义是不言而喻的。在当前这样一个重大历史时期，如何进行故宫博物院史研究以及相关重要文化现象研究，追溯历史，总结经验，并将其与当下文化发展相结合，这是摆在学术界面前的一个重大文化课题。因此对于民国时期故宫博物院史的研究显得极为重要和必要。

其次，民国时期故宫博物院史研究在两岸文化交流合作中的特殊意义。民国时期故宫博物院史是两岸故宫博物院的共同历史，是联结两岸故宫博物院的文化纽带。这种同根同源的历史和文化，既造就了两岸故宫博物院藏品的互补性，也造就了“一宫两院”的独特格局。如何有效促进两岸故宫博物院的交流合作和理解互信，如何促进两岸文化的认同和中华民族的凝聚力，这也是摆在学术界面前的一个重大文化课题。因此，民国时期故宫博物院史的研究除了其学术价值以外，更具有深远的现实意义。

诚挚希望各位专家学者总结经验，开拓创新，不断提升民国时期故宫博物院史研究的学术价值和实践意义。同时希望各位专家学者给予故宫博物院更多的研究热情和精力，更多地思考如何从历史的实践经验和前辈的精神遗产中探索故宫博物院在当下社会的发展途径和方法；更多地思考如何更好地发挥故宫博物院的社会作用、提升故宫博物院的公众形象以及提高故宫博物院的文化价值；更多地思考如何进一步提升两岸故宫博物院在学术交流、文化交往等方面的作用和影响。

三、探讨和研究民国时期故宫博物院史，有助于我们传承故宫学人的治学传统和典守精神。作为一种历史进程，民国时期故宫博物院的发展演进始终离不开一批具有变革意识和文化担当的知识分子群体的共同努力。诚如大家所知，倘若没有民初李石曾、易培基、陈垣、沈兼士等一批清室善后委员会委员们的奋力推动，故宫博物院的建院或许将会推迟数年；倘若没有马衡、欧阳道达、庄尚严、那志良等故宫职员的尽职守护，南迁的故宫文物或许在战火和颠沛中损失无数。可以说，正是民国时期数代人的努力和坚持，才推动了故宫博物院的创建以及故宫文物保护事业的发展，也正是民国时期故宫学人的执着与守望，才维护故宫文物的完整性及其在中华文化中的独特地位。故宫学人的治学传统和典守精神，应当为史册铭记，当为后人继承。

今天的会议，我注意到两个令人欣慰的现象：第一，参会论文十分关注民国时期故宫学人学术及其他们与故宫博物院的关系。这一方面的论文占据了参会论文总数的1/4，易培基、陈垣、沈兼士、俞同奎、顾颉刚等一批与故宫博物院早期历史关系密切的著名学者已开始进入研究者的视野。第二，与会学者包括了多位与故宫博物院有着深厚历史渊源的先生。他们祖辈或父辈曾参与故宫博物院建院或故宫文物南迁等重大历史事件，为故宫博物院的事业发展做出了卓越贡献，而且也为两岸故宫博物院的发展做出了杰出成绩。据我了解，有关文献资料均有所保存，其所经历的事迹也为其后代所了解，且这方面的整理和研究工作已有相当的积累。近年来朱传荣女士在《紫禁城》期刊组织刊载了一系列有关故宫文物南迁的文章，其中不乏相当珍贵的第一手史料。马思猛（马衡先生之孙）、庄灵先生（庄尚严先生之子）、吴欢先生（吴瀛先生之孙）、李在中先生（李霖灿先生之子）等诸位先生都在集中精力整理其祖辈或父辈留下的有关故宫博物院的史料；庄灵和李在中先生在台湾组织“老故宫的新老头会”，定期聚会，畅谈故宫的前世今生。此种对故宫人精神的守护和传承，令人感到动容！

我想，无论是海内外专家学者对于民国时期故宫博物院重大历史事件、重要历史人物的研究，还是故宫后人对于其祖辈或父辈遗留文献或是口述回忆的整理，都是构成民国时期故宫博物院史研究的重要内容。希望各位专家学者通力合作，加强交流，发掘更多的学术资源。

综合上述三点，我有理由相信，此次“民国时期故宫博物院史”学术研讨会既是一场严谨务实的海内外学者的研讨会，也是一场温情交融的新老故宫人的交流会。我也有理由相信，只要秉持“求真”和“致用”的史学传统，民国时期故宫博物院史研究将会拥有更强大的发展动力和更远大的发展目标。预祝会议取得圆满成功！

在“新中国出土墓志整理与研究”开题论证会上的讲话

（2012年12月12日）

今天在座的很多专家学者比我更加了解这个项目的具体情况和重要意义。这个项目从一开始就伴随着国家文物事业的发展进程。1983年由于进行第二次全国文物普查，发现各地墓志类文物毁坏严重，在谢辰生先生等专家学者的积极呼吁和大力推动下，由国家文物局正式发文，委托中国文物研究所古文献研究室与全国各省、自治区、直辖市文物考古及古籍整理单位合作，整理出版《新中国出土墓志》。王素先生曾经给我写信介绍了这项工作的重要意义。在国家文物局制定的《文化遗产保护科学和技术发展“十一五”规划》及国家文物局制定的《文物事业“十五”发展规划和2015年远景目标纲要》中都提出要将这个项目继续开展下去。

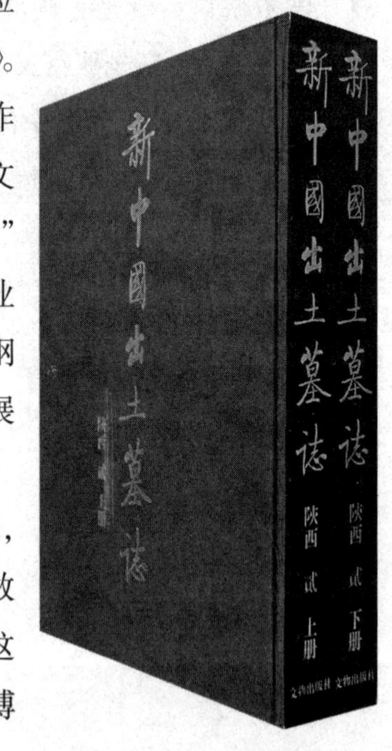

“新中国出土墓志”第二期工程，2011年经国家文物局同意，正式交由故宫博物院主持。故宫博物院非常重视这个项目，将这项工作正式列入《故宫博

物院2011—2020年中长期发展规划》。2012年年初，“新中国出土墓志”第二期工程的组稿工作全部结束，共组得墓志类书稿10卷、20册。

现在，这个项目的第二期工程“新中国出土墓志整理与研究”列入2012年度国家社科基金重大项目，而且是建议滚动资助的重大项目，说明这个项目具有重要价值和意义，也得到了国家的认同和认可。这一点非常令人鼓舞。我们知道：国家社科基金重大项目，特别是建议滚动资助的重大项目，主要都是高等院校系统和中国社会科学院系统承担，其他文物博物馆系统单位很少承担或从未承担。此次，“新中国出土墓志整理与研究”列入2012年度国家社科基金建议滚动资助的重大项目，在全国文物博物馆系统是第一家，也是目前唯一的一家，说明我们文物博物馆系统也有能力承担国家社科基金重大项目，的确可喜可贺。此外，还说明，故宫博物院的专家学者，不仅能够做好故宫博物院的科研项目工作，也能够走出红墙，做好国家科研基金项目的工作。

根据2012年度国家社科基金规定：这批重大项目“主要资助弘扬民族精神、传承中华文化、对学科建设和学术发展起重要作用的基础研究课题，旨在通过国家立项方式组织全国相关领域专家学者集体攻关，着力推出具有原创性和开拓性、体现重要学术价值和文化传承意义、代表国家水准的经典之作”。“新中国出土墓志”项目从一开始就具有专项文物抢救与保护的重要意义。此次，“新中国出土墓志整理与研究”项目的实施，可以进一步应用第三次全国文物普查的成果，为子孙后代保留一份更加完整的新中国时期出土历代墓志档案。

我们看到，王素先生担任首席专家的这个项目研究团队实力强大，代表着当今出土墓志整理研究的最高水平，一定能够使这一学科的建设再上一个新的台阶，也能够为国内外学术界提供一份高质量的出土文献研究资料。同时，这一项目的实施，对于加强文物博物馆系统内部合作，推动文物博物馆系统内部的交流和相关学科的纵深发展，以及专业人才的培养，具有非常重要的意义。

同时，我们也要看到完成这项工作的艰巨性。2012 年度国家社科基金规定要求重大项目的项目组“要采取多种有效途径加强对研究成果的宣传推介”，重大项目的责任单位“要兑现投标时承诺，加强组织领导和协调，提供必要的科研条件、人员保障和时间保证……帮助解决实际问题，督促按时高质量完成研究任务”。这些表明国家社科基金的要求很高，我们故宫博物院作为责任单位的任务也很重。

大约在 2006 年，我在国家文物局工作期间，中国文物研究所领导对我说王素先生和任昉教授被别的单位“挖”走了，大家感到十分遗憾和惋惜。当时还在局长办公会上就如何保护科技人才、充分发挥专家学者不可替代的作用进行过讨论。但是现在我一点也不感到“遗憾和惋惜”。故宫博物院同样可以为王素先生和任昉教授这样的专家学者充分发挥作用提供很好的工作条件。

同时，到故宫博物院工作以来，我进一步了解到故宫博物院不仅是明清文化研究的重要单位，而且由于对过去历代帝王的兴趣爱好所进行的广泛收集和故宫博物院建院以来的不懈努力，事实上，故宫博物院收藏保管着几十万件明清以前的珍贵文物藏品，包括历代绘画、历代法书、古代陶瓷、古代铜器、古代玉石器等，内容涵盖中华文明 5000 年各个时期的文化资源和文化信息。不久前我有幸参加在安徽含山召开的凌家滩文化论坛，凌家滩遗址作为长江下游保存最完整的新石器时代聚落遗址，是中华文明起源的生动例证，其年代早于良渚文化遗址，可以称为长江下游5000多年前最重要的文明中心之一。经过考古学家20余年来的5次考古发掘，出土的大批具有重要考古、历史、科学和美学艺术价值的玉器，其中130多件重要的出土文物就保管在故宫博物院。故宫博物院的文物藏品中有碑帖2.9万件、铭刻3.3万件，还有60余万件古籍文献等，大量碑帖、石刻藏品、古籍文献，都有出土墓志内容和相关资料。因此，故宫博物院应该为中华文明的传承做出更大的贡献。

故宫博物院一定会积极支持和配合“新中国出土墓志整理与研究”项目工作，一定会积极采取多种有效途径宣传项目工作和推介项目成果。同时，也相信“新中国出土墓志”第二期工程，在各子课题组的支持和配合下，也能像第一期工程那样，按时高质量完成研究任务。

博物馆建设从“数量增长”走向“质量提升”的思考[①]

（2013 年 4 月 20 日）

进入新的世纪，我国博物馆事业迎来新的高潮，无论是数量增长，还是建设规模，都在历史上前所未有。目前全国博物馆总数已经达到 3415 座，几乎每两三天就有一座新的博物馆诞生，这在世界博物馆发展史上也是十分少见的现象。近年来各省、自治区、直辖市基本完成了省级博物馆新建和改扩建工程；一大批市、县级博物馆如雨后春笋般建设起来；各行各业注重收集保护本领域、本行业的文化资源，行业博物馆建设力度大大加强；社会资本纷纷进入博物馆领域，民办博物馆迅速成长。从博物馆种类看，在传统的综合、历史、艺术等类型博物馆为主流的基础上，科技、自然、民族、民俗等类型的博物馆逐渐增多，同时旧址、遗址、生态、社区、数字等新型博物馆也越来越多地进入人们视野。[①]

由此，我国已经形成以国家级博物馆为龙头，省级博物馆和重点行业博物馆为骨干，国有博物馆为主体，民办博物馆为补充，类别多样化、举办主体多元化的博物馆体系。虽然在我国博物馆事业 100 余年的发展历史上，政府始终处于主导地位，但是，此次建设规模之大超过以往。可以说，作为一个发展中国家，在经济建设取得成功以后，没有哪个国家的政府能像我国各级政府这样，集中人

① 此文发表于《博物馆研究》，2013 年第 2 期，第 21 页。

力、财力、物力支持博物馆建设，投入之巨、速度之快实属罕见。同时，各地政府建设博物馆的热情，迅速辐射到各个领域，形成社会各界建设博物馆的热潮。

进入21世纪，上海、南京、西安、成都、昆明、苏州、扬州、南通、淮安、东莞等众多城市纷纷提出“博物馆之城”的目标。早在2005年，广东东莞就正式启动“博物馆之城”的建设，公布了《东莞市建设博物馆之城实施方案》以及建设规划，将博物馆作为重要的公益文化设施纳入东莞市城市总体规划之中，目标是2010年，东莞市的博物馆数量由5座增加到30座以上，平均每20万人拥有1座博物馆。上海市在《上海文化发展“十一五”规划》中明确提出建设“博物馆之城”的目标，计划用5年时间，将博物馆的数量由50座增加至100座，计划每年建设具有一定规模、较高水平的博物馆10座。实际上，2006年上海的博物馆数量已经超过了100座，到2010年，达到了150座，内容包括纺织、造船、冶金、机电、电信、轻工业、邮政、电影、戏剧、广播、音像等专题博物馆，全面展示上海的工商业发展历程。2006年，成都提出建设“中国西部博物馆之城”的构想，力争平均10万人拥有一座博物馆[①]。2010年3月，西安市通过《关于大力发展博物馆事业的实施意见》，提出用3年时间再建50至80座博物馆，使全市博物馆总数突破100个。四川安仁镇计划用5年时间将安仁镇“打造”成“博物馆小镇”，按照发展规划，安仁镇将引进50至80座能够反映中国百年变迁的特色主题博物馆。

在这一轮博物馆发展高潮中，各地政府的建设热情成为主导。昆明是国务院首批公布的历史文化名城之一。至2008年8月，这座

① 周耐华：《试论博物馆与城市发展》，见《携手2010：宁波国际博物馆高峰论坛》，99页，

拥有600多万人口的城市仅有各类博物馆19座。城市决策者认为平均30多万人拥有1座博物馆的水平，与千年古城的悠久历史不相符合，于是提出鼓励和扶持民间资本多渠道投资建设博物馆，颁布了《关于充分利用文物资源大力发展博物馆业的实施意见》，明确提出："通过3到5年的努力，基本建成以国有综合性博物馆为龙头，非国有博物馆为主体，国有专题博物馆和行业博物馆为两翼的博物馆业网络体系和展示体系，形成规划科学、布局合理，总量增加、质量提高、门类齐全、内容丰富的博物馆业发展新局面，力争全市14个县（市）区都建成1座以上博物馆，使昆明人均拥有博物馆的数量跃居全国省会城市前列，把昆明建设成为'博物馆之城'。"该意见提出后不到1年时间，昆明市内博物馆的数量已经从19座增加到65座。新增加的46座博物馆中，属于国有性质的博物馆有13座，行业类博物馆和民办博物馆有33座，实现了调动民间力量参与博物馆建设的方式。2009年7月，昆明市更是提出当年年底要确保全市博物馆总量突破100家，加快形成覆盖全市的博物馆网络。如今，昆明市博物馆总量已经达到100个，其中公立博物馆39个，行业博物馆31个，民办博物馆30个。

改革开放以来，短短的30多年时间，我国经济社会发展取得举世瞩目的变化。一方面，20世纪80年代以后城市化开始加速，特别是进入新世纪的前10年，城市化率从约30%达到47%左右。而且，在此过程中，逐步形成了一些大都市区，主要分布在沿海地区的长江三角洲、珠江三角洲等地。按照既定规划，到2050年之前，我国的城市化率将达到70%左右，实现这一目标，平均每年约有1200万人口将从乡村转移到城市。东南沿海、长江沿线和中部地区将是未来承载这些人口的主要地区。随着城市的发展，资源紧缺等问题会日益突出。朱晓明教授指出，“目前我国城市化发展中存在三个趋同，即规划趋同、产业趋同和形象趋同。大部分省份的产业结构趋同率达 90%，国内 600 多个大、中、小城市的形象也多‘千城一面’”[①]。另一方面，我国经济发展一路高歌猛进，接连超越英、法、德、日等经济强国，造就了经济奇迹，实现了跨越式发展。在我国新一波城市化浪潮带来的城市竞争中，各地政府已经把竞争的重心从简单的经济发展和 GDP 增长率竞争转向城市氛围、内涵和品位的营造，其中不少城市希望通过博物馆事业发展来挖掘、凝聚、展现城市历史中最具深度和吸引力的元素，构建和传播城市品牌。

今天，越来越多的城市感受到，博物馆建设有助于展现城市悠久历史和城市文化魅力，有助于满足社会民众的文化需求，提升城市的文化内涵。因此作为公共文化服务机构的博物馆建设，被列入重要文化建设项目，各地政府更加自觉地承担起博物馆建设的职责，期望通过兴建博物馆，达到更新城市风貌、激活地区经济与繁荣文化的目的。任何一座城市的博物馆发展路径，必然取决于其发展理念和人文态度，有什么样的发展理念和人文态度，就有什么样的博物馆发展结果。今天，博物馆事业逐渐进入社会关注和文化建设的中心位置，博物馆事业的发展出现新的历史机遇。

虽然人们对“博物馆之城”这一提法的现实性和可能性存有疑虑，但是，今天博物馆建设与城市发展目标主动契合的鲜明特征，使“博物馆之城”建设成为城市文化建设高潮的代表性宣言。博物馆是收藏保护文化遗产最重要的永久性文化机构。一般来说，博物馆建设的数量越多，人类文化遗存就能够得到更多的庇护，城市就能够更加充满文化气息。因此，建造“博物馆之城”的愿望是积极

① 孙小静，顾春：《把脉中国城市化》，载《人民日报》，2010-09-18（5）。

的。但是，每一座城市都必须清醒地认识到，博物馆建设的质量才是博物馆事业的生命力所在。如果短期内要求一座城市的博物馆达到一定数量，首先需要从文化遗产资源情况与分布状况进行总体权衡，同时还要考虑包括保管条件、展览水平、服务质量、人才结构、管理能力等在内的一系列问题。

60 多年来，我国博物馆事业经历了中华人民共和国成立之初、改革开放和新世纪之初几个显著的发展高潮。2001 年全国博物馆总数为 2126 座，而 2010 年全国博物馆总数已经达到 3415 座，平均每年增长 140 余座，表明我国博物馆建设快速发展的时期已经到来；特别是近两年平均每年增长 220 余座，反映出博物馆增加的速度也在不断加快。通过网络查询就会发现，目前全国同时正在筹建的博物馆就有数百座。我国已经悄然迈入博物馆大国之列。2011 年 8 月北京市对外宣布，北京地区共有注册博物馆 159 座，博物馆数量在世界排名第二，仅次于英国的伦敦①。据介绍，目前英国伦敦市有 22 座公立博物馆，200 余座民办博物馆，每 10 平方公里有 1.1 座博物馆，即每个社区附近都会有博物馆②。

根据一些发达国家的经验，在城市化和社会发展达到一定程度之后，一般平均每 20 万人左右应该拥有一座博物馆，按此标准，我国应该有 6500 座以上的博物馆，而目前我国实有博物馆数量只有这个标准的 1/2。与许多文化遗产资源丰富的欧洲城市所达到的每 5 万 ~ 10 万人就拥有一座博物馆的水平相比差距更大。与我国悠久的历史、灿烂的文明相比，与我国巨大的人口数量相比，与我国广大民众旺盛的文化需求相比，应该说今天我国的博物馆数量不是太多，

① 刘冕：《北京博物馆总数居世界第二》，载《北京日报》，2011-08-20（1）。
② 王天铮：《解析伦敦市政府公共文化管理模式》，载《中国文化报》，2011-08-25（7）。

而是太少，目前的发展水平绝对不值得骄傲。“经济社会进一步发展之后，我国的博物馆数量应该上万座，才能满足人类生存及其环境物证之保存和公众的精神文化需求，因此中国博物馆事业仅从数量方面来说，未来的发展空间是极为可观的”。[①]

在博物馆数量增长的同时，我们更应该关注博物馆的质量提升。1993年，A.O.科纳里（A.O.Konaré）在离任国际博物馆协会主席，并就职马里总统时告诫道：“我们不应该为迎合公众对博物馆兴趣的增长而放弃研究和保管工作，这两项工作依然是博物馆有特色的基础工作。我无法想象一个没有扎实起码的考证工作的博物馆如何从事知识传播活动。”为适应社会发展，满足民众的精神文化需求，博物馆事业发展的重点不仅在于“数量增长”，更应该注重“质量提升”。质量是博物馆的生命线。扩大规模是发展，提高质量更是发展，而且是更高层次的发展。

当前，在博物馆建设中，尤其要避免形式主义、内容空洞、贪多求大的观念，将重点放在文化内涵深化、服务能力提升上，而不是放在馆舍建设上。长期以来，博物馆领域行业规模小，从业人员少，不能为社会各界所广泛关注。目前情况正在发生变化，博物馆的整体规模不断扩大，从业人员不断增加，逐渐成为引人瞩目的文化群体。但是，不能不承认，我国的博物馆在数量不断增长的同时，在综合管理水平、社会服务能力等方面，与国际先进水平存在着不小的差距，博物馆事业的进一步发展还有不少制约性因素有待克服。甚至有专家批评我国博物馆界是“一流的资源，二流的展览，三流的服务效果”[②]。“如果连我们自己都是处于营养不良的状态，我们

---

① 曹兵武：《博物馆热·博物馆学·博物馆文化》，载《中国博物馆》，2008（3），9页。
② 曹兵武：《博物馆热·博物馆学·博物馆文化》，载《中国博物馆》，2008（3），9页。

能拿出什么合格的精神食粮去滋养社会，去回报大众呢？”[①]

虽然，博物馆数量的多少是衡量博物馆发展的重要指标，但是，也应清醒地认识到，目前我国博物馆资源的利用率不高。在博物馆实施免费开放的情况下，全国博物馆每年接待观众约4.5亿人次，也就是说，我国平均每位国民每3年仅走进一次博物馆，而一些发达国家平均每位国民每年3～5次走进博物馆，可见差距之大。同时，在我国博物馆加快发展的形势下，还存在两个方面的不平衡问题。一方面是博物馆的区域发展不平衡。例如博物馆与常住居民之比，北京为1∶22万，贵州则为1∶61万，全国平均为1∶44万，可见贵州等欠发达地区的博物馆数量，明显低于全国平均水平，与东南沿海发达地区存在很大差距。另一方面是博物馆之间发展不平衡。中小博物馆占全国博物馆总数的80%以上，由于体制性障碍造成国家投入不足和社会资源稀缺，致使相当部分的中小博物馆生存艰难，直接导致文物保护、科学研究和陈列展示功能的削弱，制约这些博物馆的进一步发展。发展我国的博物馆事业，不仅要建设大批新的博物馆，更要发挥现有博物馆的社会效益。特别是发挥位于欠发达地区博物馆和中小博物馆的社会作用，提升它们的综合质量和社会服务能力。

随着博物馆事业的迅速发展，树立博物馆系统的整体形象，明确博物馆领域的行业规范，提升博物馆队伍的综合素质，凝聚博物馆文化的社会共识，成为当务之急。“对于制约中国博物馆事业的主要因素的时代变迁，我们可以做这样的总结：在旧中国，时局决定着博物馆的存在；在新中国改革开放之前，政治运动决定着博物馆

① 《共同的遗产共同的责任：文博考古工作的社会形象建设与社会参与问题》，载《中国文物报》，2008-06-20（5）。

的命运；在改革开放之后，管理水平决定着博物馆的兴衰”[①]，而管理问题的背后，既有博物馆与政府之间的体制原因，也有博物馆内部的机制原因”[②]。当前我国正处于深化改革和迅速发展的过程中，博物馆的改革与发展相对滞后。我国的博物馆事业面临的主要问题是，不断进步的社会、不断变化的观众对博物馆不断提出新的要求与挑战，而博物馆在专业化功能深化和社会化职能拓展方面，与时代要求存在较大差距，其中一些深层次制约性因素需要采取切实的对策才能得到解决。

① 国家文物局：《中国博物馆体制机制改革研究报告》，见《博物馆免费开放调研报告汇编》，28页。

② 国家文物局：《中国博物馆体制机制改革研究报告》，见《新形势下博物馆工作实践与思考》，北京，文物出版社，2010。

博物馆科学技术发展历程的回顾与展望[①]

（2013 年 4 月）

今天，博物馆事业发展进入从“数量增长”走向“质量提升”的重要时期，科学技术的发展速度和预期空间将超过以往任何时期，博物馆领域孕育着一场重大变革。只有着力解决制约博物馆科学技术发展的诸多主要矛盾和瓶颈问题，才能实现博物馆事业的可持续发展。因此，必须将科学技术真正摆在博物馆事业优先发展的战略地位，深刻理解和科学把握博物馆科学技术的发展，既要符合博物馆事业发展的规律，也要符合博物馆科学技术发展的自身规律。

人们很早就具有收藏古物的意识，正是由于收藏行为具有漫长的历史，因此不同时代人们对于收藏的理解不尽相同，也随着时代的发展而产生变化。在我国，自宋代起古物收藏日趋丰富，内容主要包括铜器、玉石器和书画等，参与收藏者也开始由皇室、士大夫阶层扩展至民间。同时，对于古物藏品的研究初显规模。因此可以说，“两宋时代的博物馆早期形态已具有收藏、研究这两种职能的分野。它与同时代欧洲的收藏活动相比，显得更为成熟。”[②]

在欧洲，丹麦国家博物馆汤姆森（Thomsen）馆长曾通过对该馆杂乱无章的文物藏品进行研究，提出了著名的石器、铜器和铁器

① 此文发表于《浙江文物》，2013 年 4 月第 2 期，第 14 页。
② 白文源:《论藏品研究在博物馆学研究中的重要地位》，载《中国博物馆》，2008（3），20 页。

前后相继的三期说，并根据研究成果重新调整文物展品，对外陈列开放。1836 年出版的丹麦国家博物馆参观指南《北欧古物导论》及 1848 年出版的英译本《北欧古物指南》风靡欧洲，其研究结论被学术界普遍接受，使得汤姆森的研究成为一项划时代的成果[①]。

丹麦国家博物馆

随着地质学、人类学、考古学、生物学等学科的成熟和发展，使博物馆拥有了解读文物藏品的新理论和新方法，文物藏品得以科学分类，陈列展览得以体系化。从此，具有共同知识体系的博物馆学开始萌芽[②]。杨钟健先生早年参观纽约自然历史博物馆之后，曾感慨道："可见一陈列馆，不只是弄些标本，供人浏览，要做主要的研究工作，才能在世界上取得地位。"

在 1946 年国际博物馆协会成立之初，就把专业培训列为优先

---

① 白文源：《论藏品研究在博物馆学研究中的重要地位》，载《中国博物馆》，2008（3），20 页。

② 黄春雨：《博物馆的社会化与专业化思考》，载《中国博物馆》，2008（3），19 页。

考虑的任务，甚至作为国际博物馆协会的“一个基本原则”。此后，专业培训一直是历次国际博物馆协会全体会议不断强调的重要任务。1965 年在纽约召开的国际博物馆协会第 7 届全体会议的主题是博物馆培训，会议细化了“博物馆人员培训”的工作，推进了博物馆专业化的进程。1968 年 7 月，在科隆和慕尼黑召开的国际博物馆协会第 8 届全体会议的主题为“博物馆与研究”，会议指出：“博物馆本质上是一个科学机构，因而任何博物馆都必须推进、鼓励、承担或开展基于其收藏和计划的科学研究工作。”同时会议强调：“应把博物馆视为真正向研究开放的机构，而不是一些传统的‘堂皇的隔绝’理论的支持者，或是一种私人领域。”①

1993 年当国际博物馆协会主席 A. 科纳里 (A.Konary) 离任就任马里总统时告诫博物馆：“我们不应该为迎合公众对博物馆兴趣的增长而放弃研究和保管工作，这两项工作依然是博物馆有特色的基础工作。我无法想象一个没有扎实起码的考证工作的博物馆如何从事知识传播活动。”英国自然博物馆馆长迈克尔·迪克森指出：“传统上，大多数公众认为博物馆是一个教育和休闲娱乐的地方，却没认识到博物馆背后的科学支撑。”②在美国，史密森学会不但是全世界最大的博物馆群，也是具有影响力的教育和研究机构，拥有科学研究中心，各博物馆还分别设立研究部门。对于美国史密森学会而言，博物馆如何日臻“人性化”是它不断研究探索并永恒追求的命题。

近代博物馆学传入我国之后，博物馆得到了迅速发展。特别是中华人民共和国成立之后的 60 年间，我国的博物馆学理论也随之深化，而对于文物藏品研究的重视则是其突出特色。其中“三性二务”

① 苏东海：《国际博物馆理论发展中两条思想路线札记》，载《中国文物报》，2010-06-16(6)。
② 章迪思，梁建刚：《自然博物馆：重建中的若干可能》，载《解放日报》，2009-11-30(5)。

论可以说是对博物馆学研究的一项重大贡献。不论是在旧的“三性二务”论中，还是在新的“三性二务”论中，博物馆藏品的科学研究都处于重要的位置。

中华人民共和国成立初期，根据博物馆建设和馆藏文物保护的需要，科学技术人员继承和发展传统保护修复技术，大批有价值的文物藏品得到抢救性保护，并在博物馆中妥善收藏保管。20 世纪 60—70 年代，国家制定了《1963—1972 年文物保护科学技术发展规划》，成立了文物保护科学技术研究所，各地博物馆和文物收藏单位也相继建立了文物保护实验室，同时积极开展文物保护科学技术的国际交流。一批科学技术专家投身文物保护事业，为博物馆科学研究发展奠定了良好的基础。

这一时期，一系列重大的考古新发现极大地促进了文物保护科学研究工作。例如 1972 年长沙马王堆汉墓发掘与出土文物的保护，首次集中了全国最高水平的考古与科学技术保护专家联合攻关，攻克了许多科学技术难题，完成了对帛画、简牍、丝织品、漆器的提取和保护，抢救了一批珍贵文物，丰富了博物馆藏品，成为当时全国瞩目的文物博物馆工作重大成果，其中 1978 年，碳 -14 测定文物年代的科研成果获得全国科学技术大会奖。

改革开放以来，博物馆科学研究不断进步，初步建立了一批科学研究机构，形成了专门队伍和有效运行机制，完成了许多具有重要影响的科学研究和技术应用项目，为博物馆事业发展做出了重要贡献。1979 年公布的《省、市、自治区博物馆工作条例》中规定："博物馆应积极开展博物馆学和有关的专业学科的研究工作。专业学科的研究，应从本馆的性质和任务出发，以藏品为基础结合文献资料进行，研究成果主要体现在陈列展览上，也可以编写学术专著。”“加强藏品研究，是博物馆工作的重要内容，是博物馆一切业务活动的基础，是推动博物馆开展各项业务活动的中心环节。”

长期以来，博物馆事业和博物馆工作的进展都与文物藏品研究紧密相连。对于文物藏品研究的重视，也造就了一批成就卓著的博物馆学者，取得了丰硕的研究成果，留给今天丰富的学术财富。我国博物馆的装备及设施越来越现代化，高科技手段在博物馆中的应用也越来越普遍，博物馆事业的科技含量显著提升。随着历史学、考古学等学科的发展，我国学者逐渐拓展博物馆学的研究。通过对各类可移动文物所开展的持续的价值评估工作，研究提出了博物馆藏品定级标准。通过多种现代科学技术应用于传统材料、工艺的分析研究，多学科合作，拓展了对博物馆的认知范围和对文物藏品的保护手段。

20 世纪后半叶，世界各国对文化遗产保护均给予了高度重视，在人力、物力和资金投入等方面都有了很大提高，许多国家将文化遗产保护提升到国家战略高度。博物馆科学研究也成为世界各国博物馆发展的主流，人们认为博物馆不仅是“艺术的殿堂”，还应该是“科学的殿堂”。同时，伴随现代科学技术的发展及其在文物藏品保护中的应用，新的保护理念得到普遍接受，文物保护中尊重文物真实性、实现保存修复可逆性和秉承对文物最小干预的基本原则。

进入新的世纪，我国推动博物馆科学技术研究的力度不断加大。2000 年，《全国文物、博物馆系统人文社会科学重点课题暂行管理办法》公布实施。2001 年，国家科学技术攻关计划项目“文物保护技术研究与中华文明探源预研究”立项实施。2002 年，新修订的《中华人民共和国文物保护法》及其实施条例，对文物保护科学技术工作做出明确规定。国家文物局颁布了《文物保护科学和技术研究课题管理办法》等5项部门规范性文件，发布了《历史文化遗产保护领域科学和技术研究课题指南（2004—2005年）》。

国家文物部门相继组织开展的国家一级文物藏品档案的建档、馆藏文物调查及数据库建设、全国馆藏文物腐蚀损失调查等一系列博物馆文物资源调查和整理工作，为博物馆科学研究项目的实施奠定了良好的基础。2004年，全国文物保护科学技术工作会议召开，全面总结经验，分析发展中的问题，对当前和今后一个时期的文物保护科技工作进行部署。2005年12月，《国务院关于加强文化遗产保护的通知》对新时期文物保护科技工作提出了更高的目标，要求"加强文化遗产保护科技的研究、运用和推广工作，努力提高文化遗产保护工作水平"。

我国的文物保护修复传统技术与工艺种类繁多、技艺精湛、成就卓著。其中书画装裱、青铜器修复、瓷器修复、髹饰修复、丝织品修复、木作维修、瓦石作修复等方面的传统技术与工艺，至今仍然发挥着重要作用。在继承我国传统文物保护修复技术的基础上，博物馆注重引进、推广和合理运用现代科学技术成果，运用多种科学方法和技术手段，对金属、纸张、漆木、丝织类文物和动植物标本等进行有效保护，其中有不少保护修复技术已居国际领先地位。

与此同时，现代科学技术和传统工艺的结合得到进一步的重视，例如青铜文物保护传统工艺科学化研究、木结构建筑保护传统工艺科学研究等取得了阶段性进展。在秦始皇陵铜车马修复、秦俑彩绘保护、法门寺出土丝织品保护、饱水简牍和漆木器脱水保护、纸质文物保护、出土铁器脱盐保护以及地震仪的复制等方面，现代科学技术都发挥了突出的作用，馆藏文物保护环境应用技术研究为预防性保护理念的实现提供了技术支撑。

几年来，国家先后启动实施了“中华文明探源工程”“文化遗产保护关键技术研究与开发”“大遗址保护关键技术研究与开发”“古代建筑保护技术及传统工艺科学化研究”“石质文物保护关键技术研究”“指南针计划——中国古代发明创造的价值挖掘与展示”等一批重大科研项目。通过联合攻关，在系统揭示文化遗产价值、探究中华文明形成与早期发展的特征与规律、现代科学技术在考古领域中的应用、大遗址的保护与管理、馆藏文物保护修复技术与材料、馆藏文物保存环境的监测与控制、传统工艺技术科学化、不可移动文物保护、文物保护集成装备等方面取得了一批具有自主知识产权的共性和关键技术研究成果，文物保护科学技术水平显著提高，若干制约文物事业发展的重点、难点和瓶颈问题得到了解决。

全国各地在积极组织力量参与国家文物保护重大科学技术项目的同时，立足于本地区的发展需求，组织开展具有地方特色和优势的创新活动，一些省市还增设了科学研究专项经费，用于支持改善本地区科学技术基础条件和解决文物保护工程实施过程中的科学技术问题，初步形成了国家与地方互为促进、互为补充的良性发展模式。白鹤梁题刻原址水下保护工程研究与实践、“南海Ⅰ号”整体打捞及保护、文物出土现场保护移动实验室等一批优秀科学技术成果，以及优秀科学技术工作者获得国家级和省部级科学技术奖励。许多科学技术成果在可移动文物保护、馆藏文物保存环境改善、博物馆展示提升等重大工程和重点工作中得以应用，有效提升了文物保护的科学技术含量，取得了显著的综合效益。

伴随着三峡工程而提出的“白鹤梁题刻原址水下保护工程研究与实践”项目，由中国工程院葛修润院士担纲，采用“无压容器”原理兴建，集成文物、水利、建筑、市政、航道、潜艇、特种设备等多专业、多学科的技术，实现了白鹤梁题刻的原址原样原环境保护和观赏。三峡库区正常蓄水位提高到175米后，白鹤梁题刻将永远淹没在长江水下。为此保护工程于2003年2月开工建设，由水下保护体、交通及参观廊道、地面陈列馆三部分组成，工程不仅富有创意，技术创新性也极强。“无压容器”方案提出的原址原样原环境保护理念，克服了以往有关白鹤梁保护与展示方案存在的重大技术问题和经济问题，使白鹤梁题刻原址保护“绝处逢生”。2009年5月，白鹤梁水下石刻博物馆建成开放，成为世界上唯一水深40余米处的遗址博物馆。该项目不仅为水下文化遗产的原址保护提供了成功的工程范例，同时也为遗址博物馆建设创造了经验。

白鹤梁题刻

“南海Ⅰ号”保护科学技术攻关，通过工程力学、海洋学、环境学、考古学、测量学等多学科的配合研究，形成整体打捞方案，首创钢沉箱法，将巨大的古代沉船、船载物以及周围沙石和附属物，按原状固定在特制的钢结构箱体内，一次性平安地整体打捞出水。广东海上丝绸之路博物馆的“水晶宫”主要用于“南海Ⅰ号”考古发掘、出水文物保护和陈列展览。人们可以现场观看水下考古工作，见证珍贵文物的出水过程。水体采用循环利用的方式，利用沙井对引入的自然界海水进行沉淀，经消毒后再注入“水晶宫”内。注满海水的巨大水池，将“南海Ⅰ号”整体浸泡其中，通过模仿沉船的沉没环境，利用人工设施控制水体温度，进行有害菌类的监控和预警，进行水体保护。“南海Ⅰ号”整体打捞，以及在博物馆内以水陆结合的方式对沉船进行考古发掘的新理念、新思路，是世界水下考古史上新的里程碑。

在以往的考古过程中，出土文物都是在实验室里进行整理修复，但是当文物出土瞬间，如果没有获得及时保护处理，将对后续保护工作带来很大的难度，甚至日后难以弥补的损失。为了攻克这一技术难题，我国自主研发出首辆“文物出土现场保护移动实验室”，结合考古现场的实际需求，提出了科学试验室前移现场并服务于考古发掘、信息提取和应急保护的理念，通过设备集成、装备研制、软件开发和标准研制，成为我国首个文物出土现场具有综合功能的技术支撑平台。这个“移动实验室”一方面方便科学技术人员及时对出土的文物进行抢救性的保护处理；另一方面对抢救和保护方案的确定提供必要的技术支持。

伴随国家文物保护重大科学技术项目的实施，全国文物博物馆系统的科学研究机构数量快速增长。目前文物博物馆单位、高等院校、科学研究机构所设立的区域性、专题性文物保护科学技术中心已发展到80余家，共建成科学研究实验室近500个，科学技术基础条件得以改善。在加强自身建设的同时，部分科学研究机构积极参与本区域的大型科学仪器协作共用网，科学技术资源共享程度得到进一步提高。

2010年9月，在几十位专家学者的共同努力下，深受文物博物馆系统广泛关注的国家文物局文物保护科学和技术创新奖评选活动圆满落幕，脱颖而出的9项创新成果，既反映了“十一五”期间文化遗产科技保护的最新水平，也代表了文物保护科学和技术不同方面创新发展的方向。其中既有配合国家重点建设工程而开展的“白鹤梁水下原址原貌原环境保护工程”，也有首批国家支撑计划课题“馆藏文物保存环境应用技术研究”；既有展示考古发掘与保护新模式的“南海Ⅰ号”整体打捞及保护，也有馆藏文物保护的马王堆古尸“整体—细胞—分子”三级保护模式的建立与运用。

2010年12月，由国家文物局主办，首都博物馆承办的“百工千慧——中国文物保护科学和技术成果展”举办。国家科学技术支撑计划首批启动文物博物馆行业的4个项目15个课题，取得了一批具有自主知识产权的共性技术和关键技术研究成果。这些成果不论在考古研究、文物保护，还是在博物馆展示等方面都得到了广泛应用，若干制约文物博物馆事业发展的重点、难点和瓶颈问题得以解决。为了便于观众的理解，展览通过大量实物、图片、模型和多媒体等展示手段，重点展现科学技术在文化遗产保护中的广泛应用。百般工巧，千种智慧，表明现代科学技术已成为保护我国数以亿计珍贵文化遗产的重要手段。在展出实物中，精心选择经过现代科学技术修复和维护过的文物本体，体现科学技术和文物博物馆领域已经成为不可分割的整体，相互融合、彼此促进、共同担当，搭建起社会公众对于文物博物馆领域科学和技术关注的桥梁。

近年来，文物保护科学技术管理工作通过深化体制机制改革，完善文物保护科学技术的管理体制、工作机制、评价机制和奖励机制，激发科学技术创新的活力，以体制机制创新为动力，推动文物保护科学技术工作的可持续发展。逐步形成了依靠法规强化管理、依靠规划引导管理、依靠标准规范管理和依靠技术手段辅助管理的科学技术管理模式。行业科学技术管理制度体系初建完成，涵盖了行业科学研究课题、科学研究基地、科学技术成果、科学研究奖励和专家管理等方面的规范性文件及指导意见先后出台，科学研究管理水平显著提高。特别是在重大科学技术项目管理中引入第三方评估咨询制度，探索并实践科学技术评估咨询活动由“自然人”行为向“法人行为”的转变，实现了科学技术项目管理制度的重大创新。

国家文物局在博物馆与社会文物司的基础上，进一步明确了科技司的职能，文物保护科学技术行政管理能力得以加强。同时，文物保护标准化技术委员会正式成立，一批基础性的文物保护技术国家和行业标准相继颁布，积极参与国家标准化体系建设工程，“文化遗产领域走向国际化，建立文化遗产保护国际标准化组织”已成为我国标准化国际突破的重点支持对象。文化遗产保护科学技术平台、可移动文物保护管理平台和文化遗产保护科学技术备选项目库的陆续开通运行，提高了管理的效率和透明度。

为了解决文物保护领域科学和技术研究面临的基础设施建设薄弱、运行机制和管理体制落后、地域发展不均衡、科学技术成果推广不力等基础性问题，促进文物保护科学技术工作健康发展，国家文物部门推动“开放、流动、联合、竞争”的运行机制的建立，更好地促进跨学科、跨领域、跨部门、跨行业的联合攻关，依托文物博物馆单位、高等院校和科研院所分4批设立古代壁画保护、陶质彩绘保护、出土木漆器保护、砖石质文物保护、馆藏文物保存环境、文化遗产保护规划、空间信息技术在文化遗产保护中的应用、文物建筑测绘、古陶瓷科学研究、金属与矿冶文化遗产研究、博物馆数字展示、古陶瓷保护等 17 家行业重点科研基地。这些重点科研基地作为行业的科学技术创新和人才培养平台，重点解决文物保护面临的难点、热点技术问题，使博物馆藏品保存、修复技术等方面取得了重要进步，在科学研究、成果推广等方面也发挥了重要作用。

同时，中国文化遗产研究院实现改所建院，创新活力和创新动力不断提高，并向着国家级文物保护科学技术中心平台的方向迈进。"古代壁画保护国家工程技术研究中心"正式成立，并在相关省份设立工作站，有效扩大科学技术成果的辐射范围，成为整合文物保护及其他相关领域创新资源、培育创新人才、开展科学技术攻关和学术交流的重要平台。

通过体制机制创新，建立和完善多元合作机制，利用社会优质资源，加强博物馆科学研究组织机构建设，使国家级科研机构实力不断增强。例如通过文物博物馆单位与科研院所、高等院校合作组建专业性创新联盟；通过国家和地方合作组建区域性创新联盟等方式，推进专业、区域等多种形式创新联盟的健康快速发展，完善行业创新联盟建设和运行机制；通过培育国家重点实验室或国家工程技术研究中心，组建行业重点科研基地，搭建以国家科研院所为核心，联合行业重点科研基地，扩大基地发展规模，优化基地功能布局，提升基地科研基础条件和科学研究能力；通过建立开放合作的文物保护和博物馆科学技术创新平台，加大和深化部门间、机构间的联系与沟通。

近年来，国家文物局与中国科学院、中国社会科学院、中国工程院积极探索全方位的具有建设性和实质性的战略合作，针对文物博物馆事业重大需求，着力建设考古调查与发掘、古代建筑保护、大遗址保护、水下文化遗产保护、馆藏文物保护、博物馆环境控制、文化遗产展示传播等技术创新平台；与中国科学技术协会开展战略合作，利用其全国专业技术协会的资源优势，推动文物博物馆科学技术研究和科学普及工作。

与此同时，积极加强基础条件平台建设，促进科学技术成果推广。通过强化文物保护修复科学技术的综合研发能力，依托文物博物馆单位、高等院校、科研院所，认定一批服务于文物保护修复基础研究和应用技术研发的分析测试实验室，构建大型科学仪器设备共享平台；通过建立包括金属器、陶瓷器、纺织品、纸质文物和壁画等文物的科学技术标本库、分析检测数据库和科学技术文献数据库，初步建成适应文物科学技术创新和事业发展的科学技术基础条件平台支撑环境，形成以共享机制为核心的管理体制，与平台建设和发展相适应的科学研究机构体系，为广大文物保护科学研究人员提供更加开放、高度共享的科学技术资源。

通过依托国家级文物保护科学研究机构、工程技术研究中心、行业重点科学研究基地、专业创新联盟、区域创新联盟，实施重大科学技术成果推广示范项目。考古学的迅速发展扩大了博物馆藏品的来源，也造成了博物馆学术观念的变化。包括开展文物出土现场保护移动实验室、土遗址保护、铁质文物保护、石质文物保护、壁画保护、古建筑油饰彩画等保护技术成果的推广及示范；开展金属器、陶质彩绘文物、竹木漆器、纺织品、纸质文物等保护修复技术的成果推广及示范；开展馆藏文物保存环境监测与调控技术成果的推广及示范。

目前，我国文物保护科学技术的总体发展状况与国际先进领域相比，与国内其他行业相比，与文物保护的重大需求和繁重任务相比，仍然相对落后，科学技术的有效支撑和引领作用仍显不足。与此同时，也应该清醒地看到，随着经济全球化趋势和现代化进程的加快、工业污染和环境恶化导致的文物自然侵蚀加速，我国的文化遗产及其生存环境受到严重威胁。不少地区仍然存在文物保存环境简陋、科学技术基础条件落后和人才队伍发展较慢的问题。

由于历史原因和认识局限，我国博物馆的科学研究目前存在着两种封闭：一是博物馆研究资源的封闭，二是研究课题的封闭。博物馆研究与其他相关学科研究往往各有所专，而不能协调发展。同时，体制机制亟待完善。科学技术宏观管理仍然薄弱，工作重点需要进一步向战略研究、规划和政策制定、环境建设等方面转变；学科壁垒、条块分割，以及结构性、体制性障碍，阻碍了满足文物保护战略性需求的团队合作研究模式的形成，特别是体制机制方面，跨学科、跨领域、跨部门、跨行业的合作尚未形成，社会科学技术资源分离、分割、分散的矛盾没有得到解决，国际合作交流的深度和广度不够。

上海会见国际博物馆学会总干事

伴随文物博物馆领域的科学研究组织规模迅速扩大，多元化、结构化的科学研究体系和发展模式逐渐形成。为了推动文物博物馆事业的发展，满足保护科学技术的巨大需求，国家文物部门组织开展“文化遗产保护领域科研联合体建设机制研究”，通过对国内外有关案例的深入分析和系统研究，提出了国家文化遗产保护科技区域创新联盟的概念，并明确了其内涵，即“在一定区域范围内，由文物博物馆单位、科研实力强的高等学校、科研院所和相关企业共同建立的跨学科、跨领域、跨行业、跨部门的技术创新战略合作组织”，以制度引导合作机制不断完善，从最初的“打破封闭、实现开放”，上升为“优化合作、完善机制”，有效整合和充分利用国内外的优质资源，建立资源共享、风险与成本共担、优势互补的战略合作伙伴关系，以及实体研发组织与虚拟研发组织相结合的新型科学技术创新组织模式。

经过多年实践，浙江省在文物博物馆新型合作模式和合作机制方面积累了丰富的经验。浙江省博物馆等文物博物馆单位在积极加强自身科研能力建设的同时，不断探索新的发展模式。通过与高等学校、科研院所等系统外单位开展项目、课题合作，有力整合了社会优质科学技术资源，在一些关键技术方面实现了重要突破，并初步形成了良好的合作关系。经过不断完善，形成集文物博物馆单位、高等学校、科研院所和企业于一体的、辐射全省的多元化区域性合作组织。在此基础上，国家文物局与浙江省政府联合启动实施国家文化遗产保护科技区域创新联盟试点建设项目，有效整合和发挥国家与地方在政策、组织和技术等方面的优势。

区域创新联盟的建立，就是要打破条块分割，在文化和价值的共识与追求的基础上，实现组织和技术上的通力合力，促进各类资源的开放、流动、整合与共享。强调创新联盟各成员单位在研究资源、人才资源、仪器设备资源和信息数据资源等方面互为支撑、互为补充，实现资源利用效益和效率的最大化。例如浙江省博物馆作为国家一级博物馆，是浙江省内集收藏、陈列、研究于一体的最大的综合性人文科学博物馆；中国丝绸博物馆是国家级纺织类专业博物馆，同时是中国古代纺织品保护鉴定中心。浙江大学、浙江理工大学等高等学校，拥有先进的科学研究仪器设备、优越的科学研究试验条件、大量的科学研究成果储备、雄厚的科学技术教育资源。区域创新联盟以重大需求为导向，以行业共性、关键技术研发为主线，从战略性、前瞻性的高度，规划重点领域、确定优先主题、凝练重点专项；联盟内优化组合、分工协作，不断提高技术协作能力和研发水平。

今天，面对博物馆领域繁重的研究任务，博物馆科学技术发展需要加强顶层设计，正确处理好近期与远期、局部与整体、现代与传统、理论与实践的关系，努力做好战略规划的持续研究工作，从全局性、战略性和前瞻性的角度出发，积极开展科学技术体制创新，加快行业创新体系建设，将全面提高博物馆科学技术创新能力摆在战略高度予以部署，使一个真正的、成熟的博物馆学科体系和博物馆创新体系，在博物馆事业发展中不断巩固和完善。

总体来说，今天博物馆研究缺少战略性、前瞻性的整体思考和系统谋划，不利于博物馆学科体系的完善和科学技术研究的纵深发展，难以避免科学技术资源利用效率低下和科学研究低水平重复等问题。一方面一些博物馆缺乏学术研究氛围，长年没有科学研究成果，致使博物馆陷入日常事务，影响了博物馆使命的发挥。另一方面，一些博物馆急于出科学研究成果，忽视扎实的基础工作和理论研究，不重视科学技术理论学习和提高，工作态度浮躁肤浅。

苏东海先生认为，从可持续发展的观点看，人的研究、物的研究以及人和物结合的研究，对博物馆的持续发展至关重要，也是今后博物馆研究的一个基本出发点[①]。面对博物馆发展中出现的新情况、新问题，需要努力培育博物馆的科学精神、科学思想和科学态度，推动博物馆行业的技术创新、组织创新、制度创新。以增强博物馆整体创新能力为战略目标，以提升自主创新能力为战略重点，以培育科学创新能力为战略储备，以优化创新服务能力、整合科学技术资源为战略支撑，以实施若干重点科学技术攻关为战略突破。

根据发展规划，在未来几年，我国将基本形成以技术体系建设为核心，以组织体系建设为支撑，以制度体系建设为保障的行业创新体系。进一步提高博物馆领域的技术识别、获取、扩散和应用能力，力争在若干重点领域取得重大突破和跨越发展；着力解决影响发展全局的机制性和结构性问题，形成较为合理的组织框架和发展布局；营造良好的政策环境，进一步完善与博物馆科学技术发展要求相适应的法规、标准体系，提出满足现代博物馆功能要求的技术支撑体系框架，明显增强博物馆行业可持续科学技术创新能力，有效支撑和引领我国博物馆事业健康发展。

在博物馆战略研究方面，应加强博物馆基础理论和学科建设，即通过对博物馆科学基本理论与方法的研究，建立起跨学科的博物馆理论框架体系，针对博物馆学科的范畴、内涵、特征、理论体系和研究方法进行系统研究，依据博物馆事业发展规律，剖析博物馆学科重点领域和凝练学科方向，提出博物馆学科建设的战略布局和构架，研究博物馆领域人才培养的有效方式和途径，提出学科建设

① 苏东海：《博物馆的沉思：苏东海论文选（卷二）》，北京，文物出版社，1998。

的发展规划。

加强博物馆科学技术发展路径研究，即针对我国博物馆科学技术研究缺乏前瞻、技术研发被动和各类高新技术进入缓慢的状况，通过对博物馆科学技术需求的系统分析和技术预见，识别行业所需的关键技术和技术差异，研究长期支持博物馆科学发展的政策制定、关键项目选择、技术发展导向、社会资源参与的博物馆科学技术发展架构，确定长远发展科学技术重点领域和优先主题，规划中国特色的博物馆科学技术发展路径。

加强博物馆科学技术贡献率研究，即针对我国博物馆长期以来科学技术投入不足、科学技术对博物馆事业发展的推动作用缺乏充分认识，从而影响我国博物馆事业整体发展的状况，开展博物馆科学技术贡献率研究，从宏观上研究科学技术与博物馆发展的关系，客观反映科学技术进步对博物馆事业的贡献作用，并以此为重要参考依据，指导我国未来博物馆科学技术投入、科学研究结构调整和管理政策制定等宏观决策。

积极开展学术研究是博物馆科学技术发展的必要途径，研究成果是博物馆科学研究绩效的直接体现和重要产出形式。但是，目前文物博物馆系统，尤其是基层博物馆单位基础设施条件薄弱、人才力量不足，相对于文物博物馆领域繁重的科学技术保护任务以及其他研究任务来说，仅靠自身力量，文物博物馆领域难以实现科学研究目标。因此，文物博物馆系统迫切需要与高等院校、科研机构等开展开放交流与合作，促进跨学科合作，加快人才培养进程，推动体制、机制创新。推进博物馆科学研究工作的进程。

要加强组织协调意识，强化统筹协调能力。切实将科学技术研究放在博物馆事业优先发展的战略地位，把加快行业创新体系建设、全面提高科学技术创新能力作为重要内容。文物行政主管部门组织制定文物保护科学技术发展战略和中长期发展规划，指导、推动和监督各年度计划的执行，研究解决重大专项和重点任务实施过程中遇到的组织管理问题。要积极争取中央和地方财政在文物保护科学技术领域的投入，以及国家科学技术计划等专项经费的持续支持，充分体现法定增长的要求，提高和扩大用于科学技术工作的经费比例和经费规模，同时，积极吸引和鼓励社会资金的投入。

要健全科学技术管理制度，营造优化政策环境。逐步建立健全以组织管理、开放合作、成果转化、评估评价、人才培养、监督调控等组成的文物保护科学技术管理制度体系。完善重大项目、经费使用、咨询评估、成果推广和奖励等管理制度；加强专业和区域技术创新联盟、行业科研基地制度建设。营造和优化有利于提升行业基础研究水平、加强科学技术基础性工作、改善科学技术基础条件、强化成果转移与扩散能力的政策环境，完善决策议事程序，推进决策的科学化和民主化，保障行业重大科学技术计划和项目科学有序的实施。

要健全知识产权体系，深化标准战略措施。鼓励和支持科研成果获得自主知识产权，提高科研机构和其他创新主体的知识产权管理水平，健全和完善文物保护科技领域知识产权保护机制。尽快制定科学合理的文物保护事业发展的标准体系框架，指导行业标准化工作有序开展，加大技术标准的研究制订力度，加强技术管理标准规范的建设，建立并逐步完善我国文物保护标准体系，推进文物保护技术管理和技术实施的科学化、规范化。

要加大宣传普及力度，促进成果转移扩散。依托文化遗产保护科技平台和社会媒体，加大文物保护科技成果的宣传力度。建立和实行科技成果评价制度，认真做好科技示范试点工作，定期发布重点科技成果转化项目指南，设立科技成果推广示范专项资金，支持科技成果的转移扩散。鼓励科研单位、文物收藏管理单位参与科技成果推广和转化。建立科技成果推广服务工作站，促进文物保护科技成果快速转移与扩散。

要紧跟重大科技需求，建立实施动态机制。建立健全规划实施协调机制，制定各项重点项目和任务的实施计划；建立健全技术预测机制，跟踪重大项目和任务的实施情况，为规划的动态调整提供依据；制定和完善评估指标体系，规范评估程序，提高评估的公开性与透明度，定期评估规划内容的执行情况，公布评估结果，建立规范的评估与动态调整机制。

博物馆科学技术能力建设的实践与探索[①]

（2013年6月28日）

我国的博物馆事业处于一个前所未有的繁荣发展时期，然而，科学研究是博物馆可持续发展的后劲。一方面，无论博物馆事业在适应社会需求中如何变化，科学技术在博物馆中的地位和性质不会有根本的改变。另一方面，博物馆科学研究应该与时俱进，为博物馆事业的繁荣发展提供支撑体系。今天，博物馆必须保持较高的科学水准和较好的科学形象，才能在文化领域中保持应有的文化地位。博物馆科学研究的内容包括藏品、展览、管理的各个方面，而实现科学研究的提升，则依靠科学技术人才的汇集和人才成长环境的优化[①]。

中华人民共和国成立初期，历史和地方史志博物馆专业人员主要是来自高等院校考古、历史、美术等专业的毕业生。在中华人民共和国的高等教育史上，考古学专业诞生较早，北京大学历史系从20世纪50年代就开办了考古学专业;70年代以来，吉林大学、山东大学、南京大学、武汉大学等10余所高等院校相继开设了考古学专业，为文物博物馆行业培养了大批人才。改革开放以后，随着文物博物馆事业的快速发展，考古学专业已经不能覆盖文物博物馆行业涉及的所有专业领域，诸如流散文物鉴定、地面文物保护、博物馆藏品管理和展示设计等方面的问题，均突破了考古学范畴。

① 此文发表于《南方文物》，2013年第2期，第1页。

在 1982 年《文物保护法》颁布实施以后，博物馆人才培养进一步提上日程，专业培训扩展到了文物系统以外，包括与高等院校合作开办博物馆干部进修班，解决博物馆管理人才的学历问题，成为博物馆人才培养的一项重要内容。从 1984 年至 1989 年，国家文物局委托高等院校举办博物馆干部专修班，招收在职博物馆系统管理人员参加学习，学制一般为 2 年，合格者获得大学专科学历，提高了一批博物馆管理人员的基本素质。同时，还加强了对高层次博物馆人才的培养，与高等院校合作开展包括研究生教育在内的高层次专业人才培养。例如 1986 年 9 月，国家文物局委托南开大学举办博物馆学研究生班，学制 3 年。1989 年 3 月，国家文物局和复旦大学共同筹建的复旦大学文物博物馆学院正式成立。这一时期，高等教育的相关学科建设取得了一些进展。从 1980 年开始，南开大学、上海大学、复旦大学、杭州大学等著名大学的历史学系相继开办文物与博物馆学专业。

北京教育科学研究院“北京百名可持续发展教育种子教师培训会”

但是总体来说，在我国的高等院校教育中，博物馆教育及相关专业的设置严重不足，绝大多数高等院校都没有开设有关博物馆的课程，甚至那些设有考古或文化遗产相关专业的高等院校也很少开设博物馆教育的课程。高等院校无疑应在博物馆教育活动中应承担更重要的使命，并发挥更大的作用，成为博物馆人才培养的主要渠道。自从我国恢复学位制度以来，在教育部系统学科分类中，历史学既是门类名称，也是一级学科名称；而“考古学及博物馆学”为历史学之下的二级学科。在教育部分管的本科专业名称中，“考古学”专业和“博物馆学”专业则是单列和并存。

在我国的高等院校里，聚集着数以千万计的优秀青年学子，他们毕业后会成为社会各行各业的栋梁之材，有的还会进入各级教育机构和政府的管理决策部门，青年学生对博物馆的了解和认知程度，就博物馆事业而言，具有长远的意义和价值。因此，在博物馆人才培养方面，适应新形势和新任务的需要，逐步发展文物与博物馆学专业办学水平，为博物馆事业发展提供智力支持和人才保证。经过多年的发展，一些博物馆专业的毕业生，包括部分硕士生和博士生，逐步充实到博物馆岗位，使博物馆的知识和人才结构趋于合理。

这一时期的业务培训与博物馆业务工作结合更加紧密，更有针对性。其中，开展岗位培训始终是博物馆人才培养的重点。例如1994年中国革命博物馆举办了3期全国讲解员岗位培训班。1998年10月，故宫博物院又举办了4期古陶瓷鉴定高级研讨班，其中一期专门为台湾地区专业人员举办。1998年4月，国家文物局和北京大学联合成立北京大学考古文博学院暨中国文物博物馆学院。此后，国家文物局对于学院在经费、项目、基础设施建设方面给予支持，使学院办学条件有了很大改善，也使国家文物局在人才培养基地建设方面迈出新的一步。

1990年，国家重新启动职称评审工作，并将职称评审工作转入正常化轨道。1992年年初，国家文物局成立高级职称评审委员会，针对文物博物馆方面三个系列的专业技术职务任职资格评审，在全国范围内进行指导和规范，使一大批博物馆专业人员获得了文物博物馆系列高级职务任职资格，大批优秀的高级专业技术人员的工作条件和生活待遇得到了改善，激发了他们献身博物馆事业的积极性，作为文物博物馆事业的骨干力量，活跃在博物馆等各相关领域，使博物馆界不断涌现高水平的研究成果。大部分省、自治区、直辖市文物部门也成立了独立的文物博物馆系列高级职称评审委员会，在促进专业领域学术发展、理论研究、技术进步，促进青年专家成长等方面发挥了重要的作用。

在2002年召开的全国文物工作会议后，国家文物局从事业发展的战略高度，将加强文物博物馆人才培训列为文物事业的四项重点基础工作之一，提出大力开展教育培训，在项目安排和经费预算方面给予保障，逐步实施资格认定、持证上岗制度，培养更多的高素质文物博物馆专业人才和管理人才。此后，全国文物博物馆系统专业人才和管理人才培训得到明显加强。特别是在教育培训的模式方面有所创新，在总结以往培训实践的基础上，国家文物部门不再沿用自办培训中心模式，转为依托高等院校、科研机构的教学平台，开展教育培训，充分发挥高等院校教师、设施等教学资源优势，学习环境也更加优越，教育培训质量有所提高，教育培训的教学思路逐步清晰。

2003年以后，国家文物局与北京大学、清华大学、复旦大学、南开大学、四川大学、西北大学和中国文物研究所等高等院校和科研机构密切合作，连续 6 年举办了全国省级文物局局长、博物馆馆长、考古研究所所长、古代建筑研究所所长专业管理干部培训班，共培训省级文物博物馆管理干部 440 名，达到应参加培训人员的 80%。在此基础上，推动博物馆人才教育培训向基层深入，积极指导各省、自治区、直辖市文物部门，开展地市县博物馆馆长和专业人员的培训工作。同时，一些博物馆以及中国博物馆学会和其他学术团体也积极组织专业人才培训。

伴随着文化遗产事业科学发展，博物馆人才教育培训体系不断完善，国家文物行政部门和地方文物行政部门形成统一领导、分级负责、通力合作、运转高效的有效机制，使人才教育培训更加规范化、科学化，继续健全博物馆教育培训机构，稳定师资队伍。以杰出人才为主体的博物馆学科带头人队伍逐步形成，博物馆中科学技术人员的数量大幅增长，学历结构、专业结构、年龄结构得到改善，骨干人才队伍得到充实，科学研究实力和学术水平得到提升，自主创新能力和竞争实力得到显著提高。

同时，一些重点博物馆加大从业人员教育培训投入，创造条件，积极鼓励支持在职人员参加学历教育和继续教育培训，并在培养、引进和使用人才方面制定了专门的管理办法，在岗位设置、专业技术职务晋升、评审与聘任等各个环节进行合理规划，既严格各项标准和要求，又不拘一格，为博物馆从业人员设计合理的职业发展生涯。通过持续开展的博物馆人才教育培训，博物馆系统内文物保护科研人员数量较以往大幅增加，高素质科技人才比例快速提升；博物馆系统外科研人员大量涌入，人才队伍得以充实壮大。一批行业领军人物脱颖而出，一些科技专家进入国际科技组织工作。以优秀创新人才为主体的科研团队建设初见成效，逐步成为推动文物保护科学技术进步的核心力量。

当前，制约文物保护科学技术发展的因素，既有历史遗留问题，也有发展过程中产生的新情况、新问题和新矛盾，其中科学技术人才仍然匮乏，科学技术投入有待加强的问题突出。科学研究人员在行业从业人员中比例偏低、总量严重不足，能够把握国际文化遗产保护科学技术发展前沿、站在国家发展高度思考重大科学技术问题的战略科学家，既了解文物保护需求、又懂得科学技术的复合型科学技术人才，以及具有大局意识与统筹协调能力的科学技术管理人才严重短缺。基于自主创新的科学技术人才队伍建设需进一步加强，创新人才的成长环境尚需优化。

科学技术人才队伍建设是文物保护科学技术工作的根本。应通过科学技术项目引进人才，培养人才；与高等院校紧密合作，争取开设更多的文物保护科学技术专业，通过学历教育造就人才；与相关国家级科研院所以及国际知名文化遗产保护机构建立交流互访制度，提升高层次人才的培养档次等方式，积极推进人才的培养和创新团队建设。为此，博物馆系统内外科技工作者之间的屏障必须打破，建立起充分信任和稳定深入的合作关系，形成规模化、结构化的科学技术创新人才队伍，培养出博物馆学术带头人和复合型科学技术人才。

博物馆复合型科学技术人才是指熟悉博物馆工作规律，具有较强的科研能力和学术水平，创新意识强，或掌握多种专业知识和技能，并能够在博物馆工作中与不同专业领域的人才保持良好的沟通和专业合作，从而成为博物馆工作中的领军或核心人物的科学技术工作者。同时，需要顺应事业发展趋势，加强创新型人才培养环境建设。逐步建立学校教育和实践相结合、国内培养和国际交流合作相衔接的开放式培养体系。依托重大科学技术专项、重点科研项目、行业科研基地，以及国际交流合作项目，培养高层次创新型科学技术人才。重点培养一批博物馆科学技术战略人才、学术带头人、复合型人才，加强创新团队建设，基本形成开放、灵活、多元、高效的科学研究组织机制，形成结构合理的人才队伍。

目前，我国博物馆从业人员6万余人，学历结构、知识结构和职称结构，都与博物馆的专业化要求存在较大差距，与国外发达国家博物馆机构中专家云集、类似高等院校和科研院所的情况形成鲜明对比，提升博物馆从业人员的整体水平迫在眉睫。为此，一方面鼓励高等院校的博物馆专业发展，目前已有30余所高等院校设置了文物与博物馆学专业，比开设考古学专业的高等院校还要多。另一方面，专业技术培训项目和中外合作人才培养项目持续开展。与世界上其他博物馆以及学术研究机构建立良好的合作伙伴关系，并与之开展实质性的研究成果交流和资料共享，是博物馆加强科学研究水平的有效方式。为此，近年来扩大国际交流与合作，在项目实践中培养骨干人才。

从2002年开始，国家文物局结合文物博物馆工作实际，陆续举办了包括博物馆藏品定级以及馆藏书画、纺织品、古代家具、青铜器、石质文物等保护修复专业技术培训班，利用高等院校和科研院所教学条件，通过在职培训、学历教育、师承制传授等多种途径，培养保护修复人才，造就大批具有创新意识和能力的高素质科技人才，建立起完善的馆藏文物保护人才培养模式。同时，通过开展馆藏文物保护修复领域重大课题的共同研究，一批专业技术人员业务水平得到迅速提高，成为各个博物馆机构的业务骨干，逐渐形成馆藏文物保护修复人才队伍的基本力量。

全国省级文物局局长（处长）专业管理干部培训班开学典礼

就我国当下的博物馆事业来说，不仅要注重人才的引进、培养和锻炼，更重要的是改变人才的观念，加大在人力资源方面的投入，克服体制、编制、人才使用机制等方面的局限，提高人才的使用效率，包括提高人才的待遇。博物馆的特殊性决定，博物馆不仅需要独具特色的专家学者，例如文物鉴定专家、文物修复专家、文物保护技术专家等。还需要博物馆专业技术人员整体上有较高的水平，即优化的群体结构，这包括专业技术人员队伍的年龄结构、学历结构、职务结构、专业结构等。

我国博物馆界专业人员偏少，缺少重要学科带头人。博物馆工作者如何通过博物馆的文物藏品，利用有效的手段，使不同时代的历史得以呈现和揭示，使不同地域的文化得以交流与融合，使不同民族的遗存得以认知与探索，这些将是博物馆最值得深入研究的内容。管理理念的落后，人才队伍的匮乏，必定制约博物馆事业的发展。因此，在专业结构上，要从博物馆知识覆盖面广的特点出发，聘用多学科的专业人员。作为一名现代博物馆科学技术人员，应当努力成为本专业的专家，要具有创新的意识，要跟上时代的步伐，努力调整自己的知识结构。

随着研究领域的扩展与深入，博物馆的科学研究方法不断扩展与更新，需要将不同知识背景和专业背景的研究人员整合到博物馆的科学研究平台上，通过博物馆与科学研究机构、保护管理机构制定战略合作协议等方式，打破原来各自学科的分隔壁垒，在人才培养、学术活动、项目实施、国际交流等各方面积极开展合作。博物馆拥有丰富的科学研究资源，需要博物馆人员研究，也需要社会人士参与研究。由于一般博物馆缺乏研究人才，因此在学术研究方面应坚持开放性原则，动员社会力量，特别是科研机构、高等院校参加和支持与博物馆有关的学术研究工作，借助专家的力量来提高研究水平。博物馆要开放研究空间，吸引更多的社会人士参与科学研究，才能提高整体科学研究水平，实现多出研究成果，多出学术人才。

博物馆应成为科学研究和知识普及的重要平台。不仅要建设一支理论研究队伍，有效整合理论资源，还要创造良好的学术氛围。例如南京博物院重视营造浓厚的学术氛围，着力培育专业素质好、知识水平高的研究队伍，全院员工每年平均在各类期刊发表论文 200 余篇，在国内外学术研讨会发表学术演讲近 50 人次。博物馆丰富的文物藏品和文化遗址，需要一代甚至数代人不懈的潜心研究。所以发挥专业人才科研优势，加强科技保护，把分散、残缺的文物信息尽可能还原成连贯的历史文化链条，挖掘文物藏品所蕴含的深层内涵和价值，进而就相关古代文化、艺术、科技等重大专题展开研究，解开历史的谜团，传承优秀基因，达到古为今用的目的，让社会公众更多地了解博物馆，让博物馆更加充满活力。

深入浅出的研究成果和普及教育，攸关博物馆的影响力和吸引力，一方面，高等院校在建筑、艺术、教育、传播，以及资讯管理、财务管理、商业管理等学科课程中普遍开设博物馆学概论，有益于学生未来接触博物馆与文化遗产专业知识。另一方面，从青少年时期开始培养对博物馆的参与习惯，这是普及教育的基础。同时应重视中小学教师的博物馆知识教育。中小学校的基本教育与社区亲子教育中加入博物馆的学习课程，也是大众终身学习教育的基础。

国际博物馆协会的博物馆专业人才训练委员会（ICTOP）成立于 1968 年，20 世纪 70 年代之后，在国际博物馆协会提出博物馆专业培训课程纲领之后，各国的高等院校相继成立博物馆学研究所与推出各种专门与专修课程，目前，该委员会提出一系列博物馆专业发展课程指南，致力于专业人才培育，针对今天的博物馆发展与未来的变革，将研究与提供培训课程的结构与内容纲要作为建议。具体目标包括：增进不同国家在博物馆领域的相互了解，传播各国发展成果，介绍各国博物馆政策和成功做法，让更多的人认识博物馆与文化遗产问题。通过向学员传播博物馆发达国家的文物保护技术和博物馆管理经验，促进和加强发展中国家博物馆事业的发展。

苏东海先生认为博物馆的科学研究可以区分为三类：一是学术性研究。这是一种严格科学意义上的具有科学探索价值的研究。这种学术性研究存在于博物馆专业学科的研究、博物馆学的研究以及文物藏品研究之中，学术研究的成果最终通过公认的论著发表等途径传达给社会公众。二是普及性研究。博物馆的许多业务研究属于学术成果的运用而不是学术研究本身，即是一种普及性研究，普及性研究也是一种创造性研究，具有很高的社会价值。三是服务性研究。这里指的是科学研究服务的某些研究工作，例如编制文物藏品检索系统，编写出版文物藏品目录，以及提供学术研究动态资料等。

博物馆科学研究是以服务社会、传播知识和教育观众为己任的一项公益性工作，博物馆发展需要科学研究功能提供重要的支撑作用。在科学研究功能的基础上，可以增进人们对博物馆及其藏品的认识深度和兴趣，持续的发挥博物馆的综合功能。因此，要自觉地把博物馆作为真正意义上的研究对象，提倡科学思想、科学精神、科学理念、科学方法、科学态度，努力使之成为一门有理论表述与体系框架的学科。随着社会环境的演变，博物馆为了应对新的社会需求，励精图治，踏实践行，积极以公众需求为导向，在文化传承的基础上，探索科学技术支撑，以面向现代社会发展；强化学术研究攻关，以突出文化纵深认知；重视公众文化教育，以拓展社会横向联合。

博物馆的文物藏品来源大致分为两大类，一类是考古挖掘工作结束后经过整理移交的出土文物，一类是社会上的收藏并经过征集入藏的传世文物，当然也还包括捐赠等其他渠道和方式进入馆藏，但是主要是前两类。不论是出土文物，还是传世文物，进入博物馆之后，都有一个继续深入研究的任务，这是因为人们对事物的认识都有一个从感性到理性，不断深入和完善的过程。随着社会的发展和各学科之间的相互渗透、相互影响的关系不断加深，必然会促进各学科原有基础上的研究进一步探入，进行新的探讨与反思，以达到研究的不断深化和认识的逐渐正确。

博物馆管理的每一件文物藏品，都必须经过科学鉴定，在肯定其历史的、科学的或艺术的价值之后，才能作为博物馆的正式收藏品，鉴定工作既是挖掘文物自身价值的过程，又是通过研究加深理性认识的过程。因此，只有通过科学研究，才能辨其真伪，确定其价值，进而为文物藏品的保护与收藏提供科学的依据。同时，由于科学研究信息分享和文物安全保护的需要，必须建立和健全文物档案，科学研究还为文物档案的建置提供了准确的资料。

加强博物馆藏品研究，是博物馆事业发展的重要保证，也是博物馆学发展的重要基础。我国博物馆的文物藏品异常丰富，应充分利用博物馆藏品的优势，开展以文物藏品研究为核心的博物馆学研究，发展和构建独具特色的博物馆学体系。不仅历史类博物馆应该加强文物藏品研究，任何类别的博物馆都有各自的文物藏品研究任务，均应结合各自博物馆实际，对不同时代、不同地域、不同材质、不同器类、不同制作工艺的文物藏品特征进行深入透彻的研究，以文物藏品价值的研究、保护、传播利用为核心，重新认识文物藏品在博物馆学研究中的重要地位。

辽宁旅顺博物馆

现代博物馆学要求在研究文物藏品的过程中，不仅要关注文物藏品本身，还要把文物藏品放在人类知识所能了解的已逝年代文化背景下，去观察、探讨、诠释文物藏品赖以产生和存在的环境状态，解读它所承载的历史文明信息，进而认识社会历史的真实及其沧桑变迁，从而揭示人类社会发展的客观规律。博物馆藏品作为一种可移动文化遗产，通常由物质形态和文化意义两部分构成。所谓文物藏品研究，其本质是将文物藏品中蕴藏的文化意义揭示出来。这些文化意义，就是陈列展览应该向观众传播的有效信息，也是观众在博物馆希望通过学习获得的各种知识。

目前，从我国博物馆陈列展览的总体状况看，普遍缺乏针对文物藏品的系统而且目标意义指向明确的深度分析研究，缺乏必要的学术支撑，这是影响陈列展览质量的重要原因。为此，加强博物馆对相关主题及文物藏品的研究，应该是目前博物馆界的重要任务[①]。博物

中国文字博物馆陈列展览大纲专家论证会

① 严建强：《信息定位型展览：提升中国博物馆品质的契机》，载《东南文化》，2011(2)，7页。

馆的文物藏品研究，应从社会联系和历史变化的角度，探讨一系列文物藏品之间流转变化的逻辑与原因，掌握其流变的轨迹，以了解自然、社会及人类观念的变迁。同时，通过加强对文物藏品背后非物质因素的研究，使观众得以透过文物藏品的物质性，了解文物藏品制造者和使用者的精神世界。

丰富的文物藏品是任何一座博物馆得以生存、发展的基础与前提。文物藏品研究是保护管理工作职能的一个重要方面，对文物藏品进行研究的广度和深度，体现了专业工作者的业务素质与研究造诣。随着研究的深入以及科学技术所提供的技术手段愈多，对文物藏品价值深层次的认识也会愈来愈多，通过检测可以分析出文物藏品的材料来源、产地、制作工艺以及文物藏品的化学成分、物质结构、绝对年代等数据，分析的结果是文物藏品鉴定和养护技术的可靠依据，促进文物藏品的科学研究，并为人们提供认识和评价文物藏品价值更加科学的凭证。

博物馆专业人员对文物藏品的征集、鉴定、归档、保管以及展示等，均需要科学研究成果的支撑。因此，长期以来所说博物馆具有研究功能，一般是指对于文物藏品的研究，即通过揭示文物藏品的文化内涵，以更好地为陈列展览服务，为社会公众服务。不可否认，文物藏品为科学研究提供实物基础，是博物馆科学研究的重要课题。今天应该下大力气，自觉地以当代的眼光阐释文物藏品的历史意义与当代意义，在注重研究文物藏品内涵的同时，增加文物藏品与当代社会生活的关系研究，要在文物藏品的文化内涵与博物馆观众的文化需求之间建立联系，通过深入研究，使文物藏品在现代生活中发挥不可替代的作用。

通常说博物馆具有三大功能，即收藏、研究、展览。如果说文物收藏功能是基础，陈列展览功能是功用，那么科学研究工作就是解析文物藏品信息、指导陈列展览的承上启下的重要环节。英国自然博物馆馆长M.迪克森（M. Dixon）认为，“传统上，大多数公众认为博物馆是一个教育和休闲娱乐的地方，却没认识到博物馆背后的科学支撑”。实际上，博物馆质量提升与博物馆的学科建设、博物馆的科学研究密不可分。博物馆的科学研究内容十分丰富，既有围绕文物藏品为中心的器物研究、考古研究，又有围绕陈列展览为中心的研究，更有围绕人为中心的研究。

博物馆根据规模和性质设置技术工作区，社会科学类的博物馆设有文物保护科学实验室、文物修复室、文物复制工场等，自然科学类的博物馆设有标本制作室、化石修理室、模型制作室，还要有适当的科研经费，先进的分析检测仪器、修复技术设备和有高素质专业技术的人才等客观条件。博物馆藏品的概念不断扩大，文物藏品的价值和作用也在不断提高，不只限于作为博物馆业务研究的物质基础，也要向公众展示更多信息，博物馆是开放的公共文化机构，应该积极创造条件，利用文物藏品体现其社会职能，这也是文物保护管理和科学研究的目的。

今天，信息技术的发展，使人们对科学和技术状况的了解变得比以往任何时候都更加容易。但是，当一些博物馆纷纷借鉴或仿效各种游乐手段，努力向休闲娱乐场所转型之际，英国的博物馆则将博物馆的视野延伸到科学领域，致力于揭开博物馆幕后的秘密，建立公开的交流平台，公示收藏和研究这一博物馆的核心功能，实现内部实验室向公众开放，让公众了解支撑博物馆展览教育活动的科学内容，鼓励更多公众参与内部的科研过程，并通过专家讲解、标本制作、三维特效互动式电影播放等方法，让人们更容易理解接受，体验发现奥秘的快乐，以此扭转博物馆作为娱乐场所的形象，并将公众理解科学深化为公众理解收藏，公众理解研究，公众理解未来[①]。

新形势下衡量博物馆发展的标志不仅是文物藏品不断的增加和良好的保存，更重要的是如何提高文物藏品利用率，充分有效地利用以满足公众和社会的需要，也是探索博物馆发展新型的运作模式。浙江省博物馆于2010年12月举办了中国古琴国际学术研讨会，同时举办了馆藏唐代雷琴演奏会。来自海内外的琴学专家，以及古琴藏品丰富的博物馆代表参加了此次活动。在博物馆古琴作为文物研究和保护的对象，重视其历史文化的价值，但是古琴往往失去了作为乐器的本身属性和主要功能，其生命似乎在进入博物馆时就被宣告“死亡”。博物馆对于馆藏古琴的研究，也偏重于器形、题刻、断代、鉴赏等，而古琴的音色，则不在研究和保护的范围之内。同时，在多数情况下，对于馆藏古琴不主动进行修复，不上弦，也不做技术修复处理，以保持入馆原貌为原则。

浙江省博物馆认为需要重新唤醒古琴作为乐器的本身功能，应使古琴在博物馆里继续为社会民众发挥更多的价值。因此，演奏会的推出引起各方的关注，专家学者对于博物馆能够深入发掘古琴的历史、文化、艺术价值，开创馆藏古琴作为乐器演奏的先河，尝试改变馆藏古琴“只见其形，不闻其音”的状态，探索馆藏古琴“活化收藏”途径，唤醒沉睡多年的馆藏古琴，弹奏出古香古色的唐宋清音，无不表示赞赏。加拿大博物馆学家威特林说：“任何机构如果根本不利用物品，或者没有把藏品用作主要的信息传达工具，不论

① 章迪思，梁建刚：《自然博物馆：重建中的若干可能》，载《解放日报》，2009-11-30(5)。

其性质如何，都不是博物馆”①。事实上，古琴在安装上琴弦以后，就能保持力学上的平衡，就不至于散架。因此，对于馆藏古琴的保护，需要更多地赋予它生命活力②。

浙江省博物馆

中国人民抗日战争纪念馆研究部提出“研究部也是服务部”的口号，强调研究工作要为博物馆各项工作提供学术服务，要为社会大众提供学术咨询服务。鉴于陈列展览要“见人、见物、见事、见精神”，在实现“见人、见物”的基础上，通过研究人员对陈列展览的细节开展深入细致的研究，挖掘抗日战争文物背后的故事、抗日战争照片背后的故事、抗日战争人物背后的故事，实现“见事、见精神”，给观众留下清晰、深刻的印象。并努力建设“抗日战争史料

① 苏东海：《什么是博物馆——与业内人员谈博物馆》，载《中国博物馆馆刊》，2011（1），140页。
② 陈亚萍：《博物馆古琴活化收藏与保护》，载《中国文物报》，2010-12-29（5）。

征集和研究中心”，汇集和挖掘散落在全国各地图书馆、档案馆、民间收藏家手中的资料，以及港澳台和海外的抗日战争资料，还从英国、美国、俄罗斯、日本等国家和港澳台地区收集相关史料，形成有一定规模的抗日战争资料中心。抗日战争史料征集和研究中心建成后，逐步向社会开放，为社会研究提供平台和服务[①]。

科学研究是博物馆服务社会公众的重要组成部分，也是博物馆文化传播的基础，例如一项陈列展览的学术水平与思想深度，与该博物馆科学研究的质量息息相关。但是，目前博物馆普遍缺少对于陈列展览的细节研究。蔡元培先生曾经提出“拿我们的观察，拿介绍的态度”的观点，这一论述实际上就是指博物馆科学研究的内容和所持的态度。博物馆各项业务活动的基础是科学研究，但是它的主要内容是对于文物藏品和宣传教育的研究，研究成果要体现在陈列展览上，“陈列展览就是一篇不是用文字写成的研究论文”[②]。同时，博物馆的科学研究不仅包括临时展览研究、固定陈列研究、展览主题选择、展览策划探讨等方面的研究，而且包括博物馆的安全防范、开放服务、馆舍管理等方面的研究，可以说博物馆研究是极为宽泛的概念，研究对象丰富多彩、千变万化，各个博物馆依据自身特点，选择研究对象，侧重点又有所不同。

任何一门学科的发展都有赖于其他相关学科的相互渗透、借助和补充。“学科分类的精细化是社会分工日益精细和人类活动社会化程度不断趋强的反映，是科学的进步；但是，如果不适当地在学科设置和研究工作中构筑壁垒、设置鸿沟，就会妨碍学术的发展”[③]。博物馆的科学研究具有很强的综合性，需要与社会科学和自然科学中的

---

① 罗存康：《纪念馆研究工作与服务社会大众》，载《中国纪念馆》，2011（1），81页。
② 宋伯胤：《博物馆：学校以外的教育机构》，载《东南文化》，2010（6），6页。
③ 江蓝生：《追求融通与交叉的学术境界》，载《人民日报》，2009-08-07（7）。

许多学科之间建立密切联系。因此，博物馆学的研究方法，也必然呈现多元化和综合性，必须引入其他相关学科的理论和方法，从不同的学科角度对博物馆诸多问题进行立体的、综合的考察研究，这样才能实现对博物馆诸多问题较为全面的、本质的认识。

博物馆的研究应当加强与社会各界的联系，积极为社会科学研究提供有效的资料和素材，为社会科学研究提供客观的历史见证物。博物馆还应积极开展博物馆学有关的专业学科的研究工作，使博物馆的各项业务活动，都在科学研究的基础上进行。专业学科的研究，应从本馆的性质和任务出发，以文物藏品为基础结合文献资料进行，研究成果主要体现在陈列展览、研究论文和学术专著等方面。博物馆的活动及展示要以适当的研究成果来有效呈现，研究的主题要符合博物馆发展的核心策略，并具有开放性。

一座博物馆要成为研究型博物馆，需要在更广阔的视野上，对博物馆的各项工作进行全方位的研究。例如博物馆与考古学、考古遗址的关系；博物馆与文化遗产和自然遗产的关系；博物馆与工业遗产、农业遗产、当代遗产的关系；博物馆与物质遗产和非物质遗产的关系；博物馆与社会文物、民间收藏的关系；博物馆与数字信息化、网络化、新媒体传播的关系；博物馆旅游业的关系等。社会的发展，公众的需求，是一个动态的过程。全方位融入现实社会的博物馆，还应密切关注正在发生的、与博物馆有关的社会热点问题，及时地将它们纳入研究范围，作为研究的对象。

研究型博物馆是博物馆可持续发展的不竭动力。博物馆学是一门研究和指导博物馆事业发展的学科。作一门逐渐形成的新学科，博物馆学符合“优势突出、特色鲜明、新兴交叉、社会急需”的学科设置原则，具有明显的跨学科性、综合性和交叉性特征，并且这些特征贯穿于博物馆学研究的过程之中。今天，“博物馆的学术研究有越来越狭小化的倾向。相对于研究所或者大学，博物馆的研究视野相对狭小、研究层次相对较低”[①]。这种“狭小化”的学术视野必然影响博物馆科学研究的广度、深度和质量。因此，博物馆科学研究必须拥有跨学科的思维，采取跨学科的研究路径，运用跨学科的研究方法，才能取得跨学科的研究成果。

国际博物馆协会致力于培养博物馆专业人才，主要培训对象包括来自发展中国家的以下人员：从事文化遗产和博物馆保护和利用的管理工作；从事博物馆业务工作的中级以上专业人员；不同类型博物馆的馆长和专业技术人员；生态博物馆、民族村寨博物馆所在社区的管理者和居民代表；从事文化遗产旅游项目的研发人员和市场推广人员；高等院校遗产科学、博物馆学等专业的假期研修生或课题研究人员。通过为期 10 年的项目合作，达到提高受众国家和地区的博物馆和文化遗产管理的专业化水平，促进文化遗产和博物馆理论研究，推动发展中国家博物馆和其他遗产管理机构对文化遗产加以有效保护和可持续利用的目的。

随着我国综合国力的不断提高，博物馆领域对外合作交流日益增多，在提高博物馆的国际化、现代化水平方面发挥了独特作用。同时，我国博物馆学的发展在国际上仍显滞后，这主要反映在我国博物馆学领域缺少新的思想和新的理论，在学术领域缺少国际领先的研究成果，博物馆学的发展滞后于博物馆的发展。进入 21 世纪以来，博物馆的内外部环境发生了巨大变化，如何适应这种变革，为博物馆的发展探索可持续发展之路，已经引起广泛的国际关注。我

① 郭长虹：《社会发展与博物馆社会服务观念的变革》，见《博物馆观察——博物馆展示宣传与社会服务工作调查研究》，132 页，北京，学苑出版社，2005。

国博物馆的快速发展，赢得了国际博物馆界的高度赞誉，国际博物馆协会等国际专业组织对与中国开展合作表现出浓厚的兴趣。

正是由于20多年来中国博物馆协会与国际博物馆协会合作的深度和广度不断拓展。我国计划发起组建国际博物馆协会培训中心（ICMS）。2010年5月，“5·18国际博物馆日”期间，笔者在广州会见了国际博物馆协会总干事安弗伦斯，向国际博物馆协会提出在我国建立一个国际博物馆协会培训中心的建议，并就双方合作的基本原则提出了想法，希望此项合作能作为2010年11月在上海举办的国际博物馆协会第22届全体会议的一项重要成果。鉴于中国、亚洲太平洋地区及世界上其他地区博物馆的快速增长，考虑到所有博物馆学科领域日益增长的能力建设及恰当的研究与发展的需要，以及国际博物馆协会亚洲太平洋地区组织提出的全世界范围内的广泛参与式接触的相关建议。安弗伦斯总干事对在我国建立国际博物馆协会培训中心的提议给予了积极的回应。

国际博物馆培训中心在故宫博物院成立仪式

根据国际博物馆协会亚洲太平洋地区组织、国际博物馆协会中国国家委员会的提议，作为2010年国际博物馆协会大会及全体会议的成果之一，2010年11月12日，国际博物馆协会第22次全体会议原则通过《关于建立国际博物馆协会国际博物馆培训中心的决议》，即在中国建立国际博物馆协会国际博物馆培训中心。2012年7月国际博物馆协会马丁·汉斯·辛兹主席访问北京，就在故宫博物院建立国际博物馆协会培训中心相关事宜达成共识。2012年9月，国际博物馆协会中国国家委员会秘书处向巴黎国际博物馆协会总部提交了《关于合作建立国际博协培训中心协商会议的报告》。

2013年1月，中国博物馆协会与故宫博物院签署国际博物馆协会国际博物馆培训中心委托合作框架协议。故宫博物院作为实际运行机构，为培训中心的运转管理和项目实施提供必要的人力资源。国际博物馆培训中心的目标是：研究并集合世界不同地区关于博物馆发展研究的学术动态；促进不同文化及区域博物馆情境中参与社区文化事务的模式；基于区域及国际合作促成能力建设项目，在推进博物馆现代化及专业化的过程中发挥作用；促使所有国际博物馆协会会员，特别是来自低经济指标国家的会员能够参与所有项目活动。

博物馆科学技术创新实践的分析与思考①

（2013年12月）

中华文明历经五千多年的发展，创造了光辉灿烂的历史文化，留下了丰富多彩的文化遗产。这些弥足珍贵的文化遗产不仅是中华民族悠久历史的见证，也是人类文明的瑰宝。历史是一条奔流不息的长河，中华民族创造的灿烂辉煌、精美绝伦的文化遗产令人感动和惊叹。改革开放以来，我国博物馆的装备及设施越来越现代化，高科技手段在博物馆中的应用也越来越普遍。我国文化遗产保护科技事业硕果累累，日益成为引领行业发展的核心力量。

同时，应该清醒地认识到，与国际博物馆先进科学技术相比，我国还有明显差距。一方面，战略研究相对滞后，较为完整的学科体系尚未建立。针对文物博物馆领域发展不断提出的新要求、新挑战、新战略，科学研究支持能力不足。针对文物保护的要素、类型、时间尺度、空间尺度、性质和形态等发生的深刻变化，原有的技术体系和方法体系难以适应文物保护和博物馆发展的需求，急需扩展与完善。同时，学科体系建设仍处于初期阶段，基础科学层次、技术科学层次和工程技术层次中包含的各分支学科的界定和相互关系尚需明确，制约了文物保护科学技术的发展。

① 此文发表于《东方博物》第49辑，浙江省博物馆编，杭州，浙江大学出版社，2013年12月出版，第116页。

另一方面，技术供给总量不足，创新成果转移与扩散不力。科学决策的辅助手段匮乏，保护、管理、利用等方面的综合分析和宏观决策的科学技术支撑能力薄弱。实验室成果向现实生产力转化的中间环节缺失、手段单一、机制不健全，标准体系尚不完善、科学技术成果集成度不高、缺乏对科学技术成果示范的支持，众多科学技术成果难以直接转化为显性效益。文物保护科学技术投入的长效机制尚未建立，投入总量不足、区域性失衡和结构性失调问题突出，一些地区的科学技术基础条件依然十分落后，针对文物保护的科研标本、实验数据、科技文献等科学技术基础性投入亟须加强。

中国博物馆协会的国家一级博物馆运行评估报告表明，全国 83 家一级博物馆两年的定性一级指标的得分率中，科学研究最低，得分率仅 43%。代表性研究成果平均得分率则更低，只有 27%，是所有评估项目中最低的得分率。即使就国家级博物馆来说，科学研究也仍然是具有瓶颈性质的制约性弱项。2008 年到 2009 年国家级博物馆在五个定性一级指标中藏品管理、陈列展览与社会教育、博物馆管理与发展建设得分率高于 80%，科学研究得分率则仅略高于 60%，其中尽管在学术活动方面得分率达到 85%，而代表性研究成果得分率相对较低，不高于 50%，是唯一不及格的三级指标。科学研究工作的淡化，势必造成藏品诠释和社会服务，能力建设的脱节，空有服务等热情，却缺乏服务的能力和针对性①。

目前，在我国博物馆事业发展领域，科学技术的总体能力不强，贡献率较低；科学技术工作中还存在许多瓶颈问题亟待解决，主要包括：由于我国博物馆科学研究工作起步较晚，科学技术意识相对淡薄，重视不够；博物馆基础研究薄弱，科学技术资源布局不

① 中国博物馆协会:《国家一级博物馆运行评估报告》,载《.中国文物报》,2011-06-22(3)。

合理，博物馆科学技术人才队伍的发展，远远滞后于博物馆建设的速度和规模；学科交叉融合不够，新兴学科发展速度缓慢；科学技术投入不足，受“头痛医头、脚痛医脚”观念的影响，造成基础条件薄弱；应用技术科学研究成果匮乏，并且多数应用技术属于个性技术，缺乏共性技术的总结，成果推广应用体系不健全，尚未对馆藏文物保护提供强有力的全面支撑；科学技术体制机制还存在诸多弊端，博物馆科学技术分工合作的长效机制尚未建立，学科交叉融合不够。

新技术革命的来临，促使人们对文物保护科学技术进行重新审视与定位。我国科学和技术在文物保护领域的重要作用日益凸显，文物保护科学技术进入前所未有的活跃时期，从宏观到微观，从广度到深度，都有较快的发展。根据国家“提高自主创新能力，建设创新型国家”的战略部署，文物保护科学技术工作以体制机制创新为先导，以制度创新为保障，以跨学科、跨领域、跨行业、跨部门合作为纽带，以重大科学技术计划为载体，使文物保护科学技术成为国家创新体系的重要组成部分。

近年来，博物馆发展注重引进和合理运用现代科学技术，各项业务活动的科学技术含量不断增加，越来越多的新技术、新方法、新产品得以广泛应用，有效提升了藏品保护、文物修复、陈列展览、安全保障、社会服务和运营管理的整体水平。例如现代科学技术的引进和应用，拓展了文物保护科学研究内容，元素成分分析技术，碳 -14、热释光等测年技术，电阻率法、电磁法和卫星定位等现代勘测技术，为文物本体保护、考古勘探调查等研究提供了新的理论和方法，科学技术手段更加先进，科学技术含量显著提升。

同时，科学技术的发展极大地拓展了博物馆领域。一批近年来新建的博物馆设施先进，管理科学，功能完善，成果丰硕，备受社会关注。故宫博物院、敦煌研究院、上海博物馆、南京博物院、湖北省博物馆等研究机构分别成立了一批区域性、专题性的科技中心，有效地发挥着科学技术支撑和辐射、带动作用，科学技术成果在文物保护中的推广与应用，有效遏制了文物腐蚀损毁的速度。通过几年的实践，人们欣喜地看到，博物馆行业的创新能力和承担重大项目的能力得到了很大提高。同时，博物馆技术与相关产品博览会的成功举办，为博物馆、科学研究单位和企业间搭建起信息交流平台。

陕西西安秦始皇兵马俑博物馆

多年来，秦兵马俑博物馆在陶质彩绘文物保护、修复、土遗址加固、遗迹防霉、小气候环境研究等方面做了大量探索性工作，并取得了开创性的研究成果。通过对遗址本体进行必要的防护加固，对已发掘或试掘且不进行揭露展示的遗址实施回填保护，清除深根植物，种植适宜改善园区生态环境的植物，防止水土流失，完善排水系统，防止遗址受雨水侵蚀等。同时，与国际开展多项文物保护方面的技术性合作，大幅提升了文物保护技术力量，培养了一批高素质的文物保护修复专业人才。

宁波保国寺大殿是长江以南现存最为古老、保存最为完好的木结构建筑之一，是我国传统建筑文化和营造法式的重要实例。2006年12月，宁波市确立将保国寺文物保护所升格为古建筑博物馆，将科学技术保护理念作为保国寺古建筑博物馆的发展定位。经过几年的实践，保国寺的延续保护利用完成从“修”到“养”、从“治”到“防”、从“抗灾损”到“控灾损”的理论转换，进而启动了防病于未恙的千年大殿保护系统工程。同时，综合考虑宁波的气候环境特点，在对大殿的“健康状况”做出准确评估预测之后，采取最有效的保护利用措施，为以后维修制定相关技术标准，提供丰富的实践经验和理论依据，为文物建筑的“延年益寿”保驾护航[①]。

敦煌莫高窟的监测经历了一个从无到有、从简单到复杂、从直觉判断到使用仪器、从被动到主动的过程。监测的内容包括对敦煌莫高窟环境监测、洞窟文物本体监测、莫高窟安全防范监测、游客调查与监测等内容。科学的监测结果为莫高窟的保护、管理起到了积极的推进作用。近年来，莫高窟观众数量增长呈加速态势，观众参观呈一年中季节性强、一天中时段性强的特点，莫高窟面临着保护和利用的双重压力。为此，莫高窟开展了观众承载量的研究，准确、及时地掌握观众的变化以及观众组成的动态信息，为制定合理的观众管理措施提供可靠依据。同时，通过利用不同时期的卫星图片进行比对，监测莫高窟保护范围内植被、人为建设活动的变化，

① 余如龙：《探索文保所转型博物馆的成功之路》，载《中国文物报》，2010-10-20（7）。

以求为保护莫高窟生态提供依据，控制人为建设活动。[1]

敦煌莫高窟保护利用工程

自2001年起，多学科联合攻关的“中华文明探源工程”开始启动，以充分揭示早期中华文明的丰富内涵，回答中华文明形成的时间、地域、过程、原因和机制等基本问题，并探讨中华文明与周边地区文明进程的互动关系，通过与世界其他古代文明的比较研究，总结早期中华文明的特点，及其在人类文明发展史上的地位。中华文明探源工程及相关文物保护关键技术研究，针对中华文明起源与早期发展这一重大科学问题，在系统总结已有研究成果的基础上，重点揭示长江、黄河、辽河流域的文明形成及早期发展的背景、环境、特征和历史脉络，研究中华文明的形成机制和早期发展特征，总结中华文明在人类文明发展史上的地位，丰富人类文明起源理论。

① 樊锦诗：《基于世界文化遗产价值的世界文化遗产地的管理与检测——以敦煌莫高窟为例》，世界遗产保护，杭州论坛暨2008国际古迹遗址理事会亚太地区会议。

同时，开展中华文明探源工程相关现代实验技术和方法的应用研究；开展空间技术、物探技术、数字化测绘技术在考古研究中的应用；研究建立考古探测技术可控试验场；开展基于文物出土现场移动实验室的出土文物应急保护技术体系研究。当前，考古资料的实验室分析研究得到迅猛发展，并逐渐形成一种多学科密切合作的研究模式。利用碳 -14、热释光、铀系和电子自旋共振等测年技术初步建立起中国旧、新石器时代的绝对年代框架；在体质人类学、分子生物学、环境考古、动植物考古、对玉石、陶瓷和金属器等进行化学分析和微观组织分析等方面取得重要进展。依托国家科技支撑计划项目“中华文明探源工程”等，我国加速器质谱碳 -14 测年技术水平得到了提高。

“中华文明探源工程”的重要目标之一就是及时展示、准确宣传研究成果，促进研究成果的社会化应用。2009 年，在京举办了“早期中国——中华文明起源展”，这是我国第一次以陈列展览的形式向社会公众宣传、展示中华文明的起源历程。在此基础上，国家文物局继续会同有关省市和部门举办该主题的系列展览，在整体介绍中华文明起源研究成果的同时，有重点地介绍早期文明相关地域的发展历程，通过陈列展览进一步表明多元中存在着相互关联，即多元一体，从多元走向统一，统一中又有多元，是中华文明的活力和魅力所在。例如辽河文明的研究是中华文明探源工程的重要组成部分。《辽河寻根 文明溯源》展览，通过辽河流域出土和相关的大量珍贵文物，展示辽河流域由古国—方国—帝国的文明起源与发展历程，旨在让广大观众了解和认识辽河流域独具特色的早期文明及在中华文明起源中的地位和作用，了解我国悠久灿烂、多元并蓄的文化传统。

为了通过深入挖掘我国文化遗产的价值，传播和传承我国优秀传统文化、复兴民族创新精神，2006 年国家文物局在各有关部门的支持和协助下，组织开展“指南针计划——中国古代发明创造的价值挖掘与展示”重大科学研究项目。“指南针计划”以实证我国古代重大发明创造的文物为研究对象，利用现代科学技术，组织跨学科、跨领域、跨部门、跨行业的力量，制定中国古代发明创造的价值挖掘与展示工作总体规划，重点围绕农业、水利、矿冶、轻工、纺织、食品、营造、人居环境、交通、机械仪器、军事技术、医药技术、文化传播、材料与加工制造技术、仪器与工程器械等领域，开展系列文化遗产专项调查，系统地掌握具有重大意义的我国古代发明创造的基本概况。

“指南针计划”采用文献学方法、考古学方法、实验室方法、工程模拟方法、国际对比方法，以及多学科交叉渗透、多重证据相互印证的方法和系统综合方法，揭示古代发明创造的工艺、原理、技术发展脉络，以及产生的机制、背景和环境；开展博物馆展示理论和技术的综合研究，推出一批反映中国古代发明与创造的系列展览、实物复原模型、虚拟现实复原模型、科学普及著作和数字影视作品；开展古代发明创造的整理与研究，采用现代科学和技术，开展博物馆的展示理论、技术及研究与示范工作。

通过“指南针计划”项目的实施，科学揭示中华民族自古以来非凡的生命力和创造力，探明我国古代发明创造的起源与发展脉络，以及其产生、传播、衰落的内在规律，研究其与当今实施的科学技术创新战略的关系，全面提升祖国珍贵文化遗产的科学技术价值，促进文化遗产保护领域科学研究和展示水平的整体提高。“指南针计划”是一项时间跨度长，涉及范围广，工作任务重，涉及文化遗产、科学技术、国民教育等诸多方面的国家重大科学研究项目，是以促进国家自主创新和文化遗产保护为目的，重点突破带动整体全面提高的战略性引导性项目。“指南针计划”在研究制定标准规范的基础上，逐步建立“指南针计划”基础数据库，确定命名首批《中国古代发明与创造国家级名录》。

同时，通过“指南针计划”成果，实现文物藏品价值的深入挖掘，对于提升博物馆的展示水平，丰富陈列展览的内容与形式，实现学术性、知识性、趣味性、观赏性相统一。2008 年北京奥运会期间，国家文物局主办了“奇迹天工——中国古代发明创造文物展”。并且通过举办专题陈列展览，开设门户网站，编撰出版“走进中国古代发明与创造”科普系列丛书，“指南针计划”进校园等多种形式，推动了最新研究成果的快速传播与扩散，从而在全社会形成崇尚科学、自觉弘扬民族文化的意识，增强民族自信心和凝聚力，激发民族创新能力。

近年来，以“加强原始创新、集成创新和引进消化吸收再创新”为主旋律，坚持“不求所有，但求所用”的原则，积极吸收行业内外优势科研资源，开展跨学科、跨领域、跨部门、跨行业的合作，根据文物博物馆事业发展中的重大需求，确定工作目标和重点任务，集中有限资源，在文物博物馆事业发展的瓶颈问题和关键领域取得重大突破，共同攻克影响文物保护和博物馆事业健康发展的关键技术问题，取得一系列重要成果。文化遗产保护领域国家科技支撑计划课题的完成，不但使一大批新技术、新产品、新装置得以研发并实现成果转化，而且培养出一大批专业技术人才，为文物博物馆事业提供了强有力的科技支撑。

通过“文物保护风险预控技术体系研究与示范”项目的实施，

研发馆藏文物微环境高效调控技术及博物馆环境监测系统解决方案，初步建立博物馆环境质量评估、监测和调控技术支撑体系。应用空间信息技术、图像分析技术、环境监测技术、物联网技术、海量数据存储与分析技术等，建立基础地理数据库、环境监测数据库、文物状态数据库、图像存储信息库、安全防范数据库等，形成文物预防性保护及辅助决策的技术支撑体系、标准规范体系和信息管理系统平台。

通过“文物保护传统工艺科学化研究”项目的实施，围绕青铜器、陶瓷器、纺织品、漆器修复及书画装裱等传统工艺，揭示材料组成与性能、专用装备与工具、工艺流程与技法的科学原理；改良传统文物保护修复材料、工具和工艺，满足当代文物藏品修复需求，建立现代科学技术与传统工艺结合的博物馆藏品保护方法，提高保护的安全性、可靠性和科学性。

通过“文物保护修复专用装备研发”项目的实施，针对馆藏文物保护修复专用装备缺乏、适用性差、集成度低等问题，重点开展智能探测设备、快速检测分析仪器设备、脆弱文物应急保护、提取及保存装置的研发，开展馆藏文物专用清洗和加固装置、专用修复设备与成套工具、保存环境监测与调控装置等研发，初步构建博物馆藏品保护修复技术装备体系。

现代科学技术的发展，为文化遗产的保护管理提供了高效快捷的技术手段。随着空间信息技术、地球物理勘探技术、年代测定、分析检测等高新技术的引入，文物古迹考古信息的收集、记录和管理更为科学、规范和便捷。例如“马王堆古尸保护模式的建立与运用”项目，提出古尸类文物整体—细胞—分子水平三级保存的理念，研发成功“稳态分子调控技术”，采用现代技术维持古尸保存大环境、局部环境和微环境的相对稳定。“云冈石窟凝结水监测研究”项目，通过我国第一台岩面凝结水测量仪研制成功，准确测量云冈石窟洞窟内部岩壁上的凝结水量，建立洞窟环境监测系统。“东周纺织织造技术挖掘与展示——以出土纺织品为例”项目，进行东周时期纺织物材质、织造技术及各种类型织机的复原研究，形成一套完整的工作思路和研究方法，揭示自然科学技术在文物价值挖掘方面的巨大空间。

近年来，我国文物博物馆科学技术体制机制不断创新，人才队伍持续壮大，创新激励成效显著，完成了众多具有影响的科学研究，一批高新技术和科研成果在具体实践中得到广泛应用。例如馆藏纺织品文物以丝织品为主，丝织品由丝蛋白纤维制成，易受环境因素影响而遭受各种污染并发生生物、化学和物理降解，产生腐烂、板结、黏连、脆化、断裂、糟朽、变色，以及黄化和理化性能劣变。近年来，我国研发了应用于丝织品文物清洗与保护修复的生物—化学技术、丝蛋白复合体系仿生加固技术，部分恢复丝织品的物理性能，实现丝织品文物的长久保存与展示利用。

目前，文物保护科学技术的研究和应用，已经成为有效保护文物的重要前提和保障。例如秦兵马俑由于受埋藏或保存环境中有害因素的影响，表面的彩绘已经严重损失。再加上出土后的温湿度变化，导致彩绘失水收缩，引发龟裂、起翘、卷曲、脱落等病害。通过现代科学技术手段，采用抗皱缩剂和加固剂联合处理的保护方法，使秦兵马俑的彩绘层得以保留，使人们得以看到它们的本来面目。出土于湖北荆州谢家桥的西汉荒帷是高等级的绢地乘云绣制品，保护和修复工作难度大，文物保护科技人员采用现代生物加固技术和传统针线修复法使之得以完好保存，体现了现代高科技与传统修复工艺的完美结合。

四川省文物考古研究院科技人员采用竹木漆器脱水加固的新技术，成功脱水保护了出土于汉代墓葬的饱水木器250余件、饱水漆器残件200余件和大型漆木马74件，使之完好如初。馆藏壁画以墓葬揭取壁画为主，历经地下埋藏和考古发掘、异地搬迁和修复等干预过程，在现有馆藏环境条件下容易出现壁画霉变、起甲、脱落、空鼓、酥碱、变形以及遭受表面污染、附着钙质土垢等病害。陕西历史博物馆收藏的仕女侏儒图和托盘仕女图，修复前都存在着不同类型和程度的病害，经过清洗、加固及失效支撑体更换等技术保护，重新焕发出美丽容颜。

近年来，我国水下考古工作迅猛发展，旁测声纳、浅地层剖面仪、水下无线通话设备、实时差分定位系统等技术装备的应用已很普遍，而多波束声纳、超短基线定位系统和水下机器人等高技术装备也开始投入使用。在发现大量珍贵水下文物的同时，出水文物的脱水、脱盐及防腐等问题成为急需解决的技术难题。近年来，文物保护科技人员从研究影响水下古陶瓷器保存状态的水文地质、海洋地理、海洋附着生物等因素出发，经过对出水陶瓷器的制作材料及海洋沉积物等的分析测试研究，探索出静态去离子水浸泡、超声波加速、流动水冲洗等遭受海水可溶盐侵蚀陶瓷器的脱盐方法，并得以初步应用。

实现博物馆科学技术的提升，需要通过博物馆建设工艺设计、陈列展览新技术应用、数字博物馆建设、数据库平台建设，整体提升博物馆的科学化水平。以全面提升博物馆陈列展览文化与艺术表现能力为目标，研究适合于博物馆陈列展览需要的现代技术、虚拟现实、人机交互、知识工程和新媒体技术等现代技术应用体系理论和方法，开展博物馆陈列展览适宜技术支撑体系研究与示范；运用人工智能和知识库技术，整合、制作加工博物馆数据资源，构建博物馆馆际交流网络平台与统一规范的博物馆信息管理平台。

针对文物保护材料应用和评价方面基础薄弱的状况，依据材料特性和应用功能，开展保护材料分类方法和分类体系研究；重点针对金属文物、纸质文物、纺织品、漆木器、石质文物和土遗址，采用材料科学、现代分析测试和模拟试验技术，开展保护材料主要评价指标研究，开展保护材料应用的理化特征、力学行为、作用机制和后效评价方法研究；制定保护材料应用效果的评价标准和规范；建立文物保护修复材料应用数据库，构建文物保护材料应用效果评价体系，提高文物保护修复材料应用的有效性和安全性。

博物馆藏品保护的重点应从以修复为主，转向以环境控制为主的日常维护，变被动的抢救式保护为以预防为主的主动防护。应立足我国博物馆实际和潜在需求，针对当前博物馆文物藏品保存环境质量普遍较差等问题，从环境监测与评价技术、净化与控制技术等方面，开展综合研究，建立基于洁净概念的文物保存微环境评估体系的理念和内容框架，为文物藏品微环境提供稳定、洁净的环境条件，提升馆藏文物预防性保护能力。通过揭示传统技术与工艺的科学内涵，实现技术与工艺的不断优化与提升，从以往的口传身授到科学定性、定量，实现将文物修复工匠的传统经验上升为科学理论，进而全面推动现代科学技术和传统工艺的有机结合。

科学是一定条件下物质变化规律的总结，是运用范畴、定理、定律等思维形式反映现实世界各种现象的本质和规律的知识体系。同时，科学是人类智慧分门别类的学问，是讲求证据，逻辑严密的人类认知。科学的基本任务是认识世界，有所发现，从而增加人类的知识财富；科学要回答“是什么”和“为什么”的问题，科学成果一般表现为概念、定律、论文等形式。技术是指根据生产实践经验和自然科学原理而发展成的各种工艺操作方法与技能。技术回答“做什么”和“怎么做”的问题，技术成果一般则以工艺流程、设计图、操作方法等形式出现。博物馆文物保护是指针对馆藏文物价值的调查、研究、评估、认定、记录、展示、利用和传承，对文物本体的保存、维护和修复，以及对相关环境的控制与整治等。

科学技术创新是原创性科学研究和技术创新的总称，是指创造和应用新知识和新技术、新工艺，采用新的生产方式和经营管理模式，研发新产品，提高产品质量，提供新服务的过程。科学技术创新可以分成 3 种类型：知识创新、技术创新和现代科学技术引领的管理创新。原创性的科学研究或知识创新是提出新观点的科学研究活动，并涵盖开辟新的研究领域、以新的视角来重新认识已知事物等，而技术创新的核心内容是科学技术的发明、创造和价值实现。

有关研究表明，未来 5 到 10 年，将是文物保护科学技术发展的关键时期，主要表现出以下趋势：一是被动的“抢救性保护”正在向主动的“系统性保护”转变；二是自然科学与人文社会科学不断融合，使建立文物保护科学的理论体系成为可能；三是基础学科与应用学科、技术科学与工程技术、自然科学与人文社会科学之间相互渗透不断深入；四是现代分析技术和科学研究装备不断进步，文物保护的安全性和可靠性不断加强；五是新材料、生物技术、空间技术、信息技术等高新技术的广泛应用，极大地丰富文物保护的方法与手段；六是文物材质劣化机理与防治等方面的定向基础研究不断深入，引发文物保护技术的重大突破；七是现代科学技术的全面介入，实现传统工艺技术的继承、扬弃与创新；八是战略科学家、复合型科学技术人才、工程技术人才和科学技术管理人才成为可持续发展的核心资源；九是多元化多维度的合作网络的形成和完善，将成为文物保护科学技术全面提高的有效途经。

伴随博物馆领域科学技术创新理念的形成，新时期发展目标得以凝练。一是重点突破博物馆藏品保护修复关键技术瓶颈，健全馆藏文物保护修复技术标准，大幅提高可移动文物保护修复的科学化水平。二是显著提高博物馆藏品风险预控能力，建立风险评估指标体系，初步建立基于风险管理理论的馆藏文物监测和辅助决策技术体系。三是在馆藏文物分析研究以及保护修复装备方面取得重要突破，初步建立与博物馆保护技术相配套的专业化装备体系。四是在提升博物馆陈列展览文化与艺术表现能力的适宜技术方面取得进展，在数字博物馆建设的关键技术和标准方面取得重要突破。五是显著提升博物馆基础研究能力与水平，初步构建馆藏文物保护科学技术基础数据库。六是加强和完善科学技术制度体系建设，形成布局合理、功能齐全、装备先进、运转高效的博物馆科学研究组织体系。

我国博物馆的数字化建设多肇始于藏品管理信息系统，之后扩展到文物影像管理信息系统、文档资料管理信息系统、多媒体展示系统、票务管理系统、办公管理系统、资产管理系统、网站资源管理系统等，基本可以划归为文物信息资源管理平台、内部事务管理平台和展览展示管理平台三个方面。随着各级政府对博物馆建设投入的明显增加，以及计算机、网络及影像技术的迅速提高，博物馆为提高知识传播效果，数字展示传播技术的应用越来越广泛，数字展示已在各地博物馆中得到不同程度的应用，增强了陈列展览的知识性、趣味性、观赏性。开展博物馆数字化建设，建立以藏品为核心的数字化管理体系，逐步发展并升华为数字博物馆，是博物馆未来建设与发展的重要方向。

上海世界博览会中国馆

同时，还有博物馆馆舍信息化处理工作，这项工作的资源是舒适性控制设备，例如中央空调系统、电梯系统、照明系统、给排水系统等；安全性控制设备，例如安全监控系统、消防控制系统等，以及通信控制系统。博物馆数字化可以为博物馆专家或专业人员提供有关学术成果、专题资料的共建共享交流平台。同时将博物馆的信息管理系统与互联网络连结，让国内外学者通过互联网络查询相关资料，既可加强与国际间的学术研究与交流，还可以提高博物馆在国际上的地位和知名度[①]。同时，博物馆人才教育培训项目也可以充分运用互联网和现代远程教育等手段。

“博物馆是多种性质的复合机构。博物馆是收藏机构、教育机构、科研机构三者的统一体，缺少其中任何一种都不是博物馆。只

① 张小朋：《博物馆信息化标准框架体系概论》，载《东南文化》，2010（4），104页。

有三者同时存在，成为一个相互作用的完整的有机体，才是博物馆”[①]。对于科学技术工作来说，一项重要任务就是减少和矫正科学技术手段滥用所造成的消极后果。针对我国馆藏文物劣化机理研究薄弱，制约保护技术进步的现状，重点开展馆藏金属文物、纸质文物、纺织品和竹木漆器的材质劣化影响因素、腐蚀过程、腐蚀产物研究，科学揭示文物劣化过程的物理和化学原理，为文物保护修复提供理论依据。

为此，需要及时开展可移动文物保护修复关键技术提升计划，例如开展可移动文物无损或微损分析技术和应用规范研究；开展金属文物深层有害锈转化关键技术研究；开展脆弱陶质文物快速脱盐及加固材料与工艺研究；开展生物技术清洗、加固和显微修复关键技术及材料研究；开展木质纤维微结构修复、整器加固定型和漆层回贴加固关键技术和工艺研究；开展生物技术修复和加固关键技术研究；开展油画的空鼓、开裂、变色等保护修复的关键技术研究；开展近现代文物病害专题调研和保护修复技术适用性研究。同时，在已有关键技术成果的基础上，开展保护修复技术规范化研究，实施科技示范工程。

当代博物馆藏品管理的工作对象不再局限于实物保管，已扩展到文物藏品信息和涉及文物藏品保护与利用的各项工作。今天，博物馆应该通过现代信息技术的应用，改变博物馆藏品的展示方式，使文物藏品可以在虚拟空间中供人观览。例如通过现代信息技术，提高人与人之间的沟通效率及人对信息的处理效率，从而使我国博物馆的管理水平有明显提升；通过自动化温度湿度控制技术的应用，

① 苏东海：《什么是博物馆——与业内人员谈博物馆》，载《中国博物馆馆刊》，2011（1），140页。

改善我国博物馆藏品贮藏条件；通过高科技消防及防盗系统的应用，提高博物馆藏品的安全保障；通过多语种自动讲解系统的应用，使我国博物馆对国内外游客的服务能力有明显提高；通过先进影像技术的应用，使博物馆藏品的建档及推广工作更加方便。

博物馆藏品管理工作还通过向需求者提供其所需要的相关信息，减少对实物的直接使用，更有效地保护文物藏品安全。应进一步整合社会资源，在博物馆之间应用多种方式，并借助高等院校和科研单位的力量，开展博物馆藏品的深度研究，鼓励出版文物藏品研究成果，实现成果共享。博物馆不仅出版具有一定研究水平的论文和专著，还要出版展览图录和分门别类的文物藏品图录，特别要鼓励出版科普读物。另外，要利用博物馆的网站平台，公布文物藏品图片、学术研究成果和科学普及信息。同时，博物馆逐步采用现代化的科学技术，实现博物馆藏品信息资料数字化，博物馆的文物藏品得到更快捷、更广泛的传播和利用，最大限度地为公众服务。

博物馆科学研究是博物馆所有工作的灵魂，要加强博物馆科学研究，提高博物馆对发展资源的认识水平和整合能力，使博物馆的运行目标切实建立在对博物馆工作规律、结构功能、内部与外部条件的综合分析与把握上，使运行目标的实现建立在科学的工作方法上。因此，既要加强博物馆文物藏品的研究、博物馆文物藏品保护和修复的研究，还应加强与博物馆发展直接相关的问题研究，例如博物馆教育、博物馆展览及信息传播，以及博物馆学的研究等，产生具有创新性和影响力的科学研究成果，提高科学研究成果的应用价值。

近年来，我国博物馆科学研究的成果表明，无论在博物馆的研究对象、研究方法方面，还是在博物馆学科的综合性、交叉性特征要素的呈现方面，均取得了可喜变化。今后要继续推进建立具有中国特色的博物馆理论与管理、运行方法体系，既能促进博物馆整体的健康发展，又能指导每一座博物馆的科学运行。博物馆不仅为国家保藏宝贵的科学文化财富和通过举办陈列展览等活动向社会公众传播科学文化知识，进行社会教育与服务，同时还承担着科学研究的任务，既包括博物馆本身的科学研究，也包括为其他自然科学和社会科学的研究工作提供以实物为主的资料、信息和咨询，后者也是博物馆科学研究的重要目的。

今天博物馆的科学研究是一个开放的复杂巨系统，是人文社会科学、自然科学、技术科学、工程技术和软科学等一切与文物保护相关的科学和技术相互渗透融合的交叉学科，其主体不仅是博物馆从业人员和高等院校博物馆学专业师生，而且涉及众多相关学科的研究人员。新时期我国博物馆事业要有大的发展，就必须要有面向未来的前瞻性学术眼光，更加重视学科的渗透、融合，注意交叉学科的研究，在博物馆构建起跨学科、跨领域、跨部门、跨行业的科学研究平台，更大范围促进各学科之间的融合和交叉学科的发展，进一步推动学术创新，提升我国博物馆的整体研究水平。博物馆的物质研究资源是社会的财富，不但应该做到博物馆领域共享，而且应该创造条件实现社会共享。

在南京博物院信息化规划座谈会上的讲话

（2013 年 1 月 13 日）

新年伊始，故宫博物院资料信息中心和北京工业大学建筑与城市规划学院的各位同行一起，来到南京博物院学习信息化规划经验。龚良院长亲自介绍了南京博物院信息化工作现状和未来规划，图书信息部张小朋主任介绍了“南京博物院信息化建设”“面向公众的博物馆”“网络虚拟博物馆和数字博物馆”“智慧博物馆”等信息化规划理念，张莅坤主任助理介绍了南京博物院数字博物馆的规划设计和实际应用。通过这些介绍使我们对信息化规划对于博物馆发展的重要意义有了新的认识，也对数字博物馆的概念有了新的了解。

江苏南京博物院

南京博物院前身为国立中央博物院，是我国最早创建的综合性博物馆之一，拥有各类藏品 43 万件。早在 20 世纪 90 年代中后期，南京博物院就开始了全面的信息化建设工作，并于 1999 年成立了信息中心，利用分布式数据库技术建立了藏品数据库，并基于该数据库设立了门户网站。南京博物院网站的浏览量长年雄踞全国博物馆网站的前三位，并在国内率先倡导虚拟现实技术在博物馆中的运用，因此获得国家科技攻关课题。

经过 10 余年的发展，南京博物院积累了丰富的博物馆信息化、数字化方案设计和工程建设经验，培养和锻炼了一批高技术素质的人才。近年来，南京博物院信息中心致力于博物馆信息化建设的总体设计和多媒体展览陈列技术的应用研究与实践。南京博物院与 IBM 合作开展"身边的博物馆"项目，面向无法直接来博物馆的青少年，利用计算机、多媒体网络技术，加上专门设计研发的一套历史文化类软件，使偏远地区小学、基层文化社区的青少年足不出户，就能欣赏到博物馆的文物珍藏，了解藏品的文化内涵。

在多媒体技术方面，南京博物院信息中心研制、开发、应用了"裸眼三维立体显示技术""空间视频定位技术""虚拟现实模型快速建立引擎技术""音频多路移动播放技术"等，其中绝大部分技术具有投入低、见效快的特点，适合在各种类型的博物馆展览陈列中大面积推广使用。南京博物院信息中心还先后参加、组织了众多文物博物馆单位的信息化方案评审、设计、网络建设和多媒体展陈设计、实施，在行业中树立了较高的知名度和信誉。

目前，南京博物院信息中心结合南京博物院二期改造工程，积极开展信息技术、网络技术和多媒体展览陈列技术的应用研究，在各项基本展览的技术手段的应用、数字博物馆建设等方面着力钻研，争取取得更加深入、全面的成果，切实增强博物馆的科学技术研发、应用与维护的实力。

博物馆信息化建设是一项浩大的工程，覆盖政策出台、方案规划、技术研发、成果应用等若干工作环节，不可能由博物馆独自完成，必须统筹利益相关者，将各方优势资源有机结合，形成互补，共同建造上下游畅通的实施链条，才能将博物馆信息化建设深入开展。同时，南京博物院的信息化建设强调要“坚持以本馆技术力量为主开展信息化建设”。张小朋主任认为“博物馆信息化建设要融入博物馆业务之中，成为不可或缺的一环，主要还要依靠自身的技术力量，外在的帮助只能是暂时的”。因此南京博物院坚持以本馆技术力量为主、以社会技术协助为辅来开展信息化建设，不仅节约了大量经费，还锻炼了人员，培养了一批横跨文物、考古和计算机专业的人才。

张小朋主任还特别强调“博物馆应该是社会知识的集散地”“要重视博物馆的软性资源”等理念。长期以来，博物馆文化传播以展览为主。但是今天对于普通观众来说，由实物、图片、文字组成的展览内容，已经无法满足和吸引他们，这些展览手段也已经不能完全表达文物藏品的丰富信息。博物馆信息化的泛在服务，具有广泛性、随时性、便捷性、交互性等特点，观众可以通过手持终端软件，以短信、视频等方式在任何地点浏览相关博物馆信息。同时在每个参观地点，可实时获取所处位置、周边环境、图文资讯、自动讲解、参与互动等信息。

2009 年 7 月发布的《中国互联网络发展状况统计报告》显示，我国网民规模已达到 3.38 亿人，超过美国位居世界第一，而且网民数量依然保持快速增长的势态，互联网普及率达到 25.5%。特别是近年来新兴媒体迅速崛起。以数字技术、网络技术、信息技术为基础的新兴媒体具有许多优势，可以实现双向互动、自由点播，受众既是信息的接受者，又是信息的发布者；能够多渠道传播、多方式接收；传播渠道从无线、有线网扩大到通信网、互联网、物联网；传播载体从广播、电视扩大到电脑、手机；能够即时传播、任意转载、海量收播，受众可以随时随地将信息传送出去。“人手一部手机”是现今社会尤其是城市民众的基本生活状况。

数字化、网络化的出现并日新月异地快速发展，把文化传播带入一个新的境界。新兴媒体传播使古老的文化遗产与博物馆文化传播面对全新的格局。使人们在任何时候都能从互联网甚至移动通讯工具中获得自己喜爱的文化内容。这就深刻改变了人们的信息接受方式和习惯，极大地增强了媒体的传播力和影响力。与此同时，新兴媒体也以锐不可挡之势，给传播业带来巨大而深刻的变革。对于新兴媒体这一新生事物，如何进行准确定位，如何认识其发展趋势，如何应用于博物馆文化传播，是当前需要深入研究的实际问题。

数字博物馆的所有信息资源均以实体博物馆的信息资源为基础进行加工、提炼，并以此为基础进行面向社会的资讯服务。博物馆信息化不同于博物馆数字化。博物馆数字化是指利用以计算机为代表的数字处理技术，完成博物馆信息资源的数字化利用工作，而博物馆信息化更加强调利用博物馆信息资源实现博物馆文化传播。博物馆数字化为博物馆信息化提供技术条件，两者既相互关联，又有所区别。

数字博物馆是促进实体博物馆管理水平提高的有效手段。特别是实现自动化办公的博物馆，资料的存储、调用的方式，大大加强了对藏品目录、业务资料的安全管理，也提高了管理效率。从宏观的角度看，博物馆信息化不仅是一种技术手段和工作方法，它是一个系统工程，涉及博物馆工作的各个方面，对扩展博物馆的功能、提升其核心价值、扩大社会责任以及促进跨文化交流等，都有着深刻而全面的影响。

今天的学习活动对于我们来说收获很大，再次感谢南京博物院的同行牺牲双休日的宝贵时间，为我们介绍经验。祝愿南京博物院在庆祝建院 80 周年的日子里，在南京博物院二期改造工程的实施过程中，博物馆的信息化规划与实施取得更大成绩。

在建设“中国文化遗产保护与传承协同创新中心”意向书签字仪式上的讲话

（2013 年 1 月 18 日）

今天很高兴与天津大学共同签署建设“中国文化遗产保护与传承协同创新中心”的意向书，对于故宫博物院和天津大学来说，这都是一件具有重要意义的事情。我们希望通过协议的签署，双方建立战略合作伙伴关系，共同开展中国文化遗产保护、传承与人才培养。

文化遗产是全中国，乃至全世界共同的文化资产，保护、传承、利用好本民族的文化遗产，是弘扬中国传统文化的重要手段，是增加国家软实力的重要举措，是我国文化兴国的重要组成部分，是构筑中华民族共同精神家园的重要基石。故宫博物院作为中国最大的博物馆，肩负着文化遗产保护与传承责无旁贷的重任。长期以来，故宫博物院悉心守护着国家宝藏，始终重视文化遗产的保护、利用与研究，不断地挖掘其价值并加以传承，在中国文物博物馆界培养了众多的不同专业的专家和业务骨干，在弘扬中国传统文化中做出了重要的贡献。

除了博物馆外，文化遗产的保护还需要来自社会各界的支持，来自高等院校与科研院所的合作。天津大学作为中国第一所具有现代意义的大学，有着雄厚的师资力量和研究基础，是一所具有悠久历史的国家重点大学。此次天津大学与故宫博物院联合建设“中国文化遗产保护与传承协同创新中心”更加彰显了学校发展所具有的前瞻性目光，高等院校与博物馆联合开展文化遗产保护、传承工作，可以更好地发挥两者各自的优势，使文化遗产保护事业更加深入地进行，这样的合作是今后文化遗产保护工作的必由之路。

我们与天津大学联合建设“中国文化遗产保护与传承协同创新中心”，通过与天津大学的合作，我们可以更好地、更系统地开展文化遗产保护与传承工作，同时，为中国文化遗产保护事业培养更多的专业人员。

我们希望，通过我们的合作，使我们国家的文化遗产得到更好的保护，为中国的文化事业、文物博物馆事业做出更大的贡献！

在故宫博物院业务培训班开班时的讲话

（2013 年 2 月 25 日）

近年来，科研处会同人事处专拟计划，针对院内不同岗位的新进人员，进行了多种形式的培训活动，其目的是使新入院人员尽早对故宫博物院员工应具备的“职业知识”有所掌握。

故宫是一个知识的宝库，具有专门的知识体系，我们把在故宫博物院员工应具备的知识提取出来，进行比较系统的传授。大致包括：文物基础知识、明清宫廷史概论、《故宫学》基础知识、文物保护基础知识、紫禁城建筑基础知识、院史等等与故宫自身密切相关的内容，让受训者对“故宫知识”能基本了解。

“基础知识”培训始自 2012 年。因为在学校很难全面完整地学习到这些内容，只有到故宫博物院才有这样的机会。此次明清宫廷史知识不分部门、专业都会涉及，而且，研究明清宫廷史的专家在学校并不多，主要集中在故宫博物院，这是我们的优势所在和故宫博物院人员必须要了解掌握的知识。

此次明清宫廷史培训的主讲人，都是在明清宫廷史方面的专家学者。他们是：由故宫博物院明清史研究中心研究员、国家清史编纂委员会委员刘潞讲授“清代宫廷史”；由中国明史学会理事、故宫博物院《故宫学刊》执行主编赵中男讲授“明代宫廷史”；由故宫博物院故宫学研究所所长、硕士生导师章宏伟讲授“明清宫廷史研究前沿”。采取这种较为集中的面授形式，使受训人员尽可能在不影响工作的前提下获得知识和专家的指导。

去年的培训，特邀中央美术学院教授薄松年先生亲临讲授“中国美术史”，参加人数 30 余人，是以在文物博物馆岗位任职人员为主的。在各方认真积极的配合下，受训者反映获益良多。故宫是个大课堂，每年的几讲或十几讲的培训只能是引导式的传授，更多的还需要大家结合自己本职工作，不断深入细致地学习和研究，以期尽快掌握“职业知识”，早日成为合格的“故宫人”。

在中国宜兴古代铜镜学术研讨会上的讲话

（2013 年 4 月 14 日）

在中国宜兴古代铜镜学术研讨会上的讲座

今天，我有幸来到风景秀美的宜兴，参加“中国宜兴古代铜镜学术研讨会”，和大家一起探讨文化遗产保护问题，感到非常高兴。非常感谢各位专家学者、收藏爱好者积极支持和参与中国文物学会的活动，非常感谢宜兴市政府为这次活动创造了良好的条件！

说到宜兴，人们自然联想到紫砂壶。然而我们这个研讨会告诉全社会，宜兴不仅有紫砂壶，民间收藏的古代铜镜非常丰富；同时也促进全社会增强依法保护文物、依法收藏古代铜镜的意识。这也更加丰富了宜兴市文化历史内涵，增添了一个新的亮点。

中国文物学会青铜器专业委员会在孔祥星会长的带领下，多年来在青铜器保护、古代铜镜研究方面开展了一系列活动，取得很好的社会影响。这次与宜兴市政府联合举办研讨会，举办古代铜镜展览，出版《宜兴民间收藏铜镜精品集》和会议论文集，都体现出浓郁的学术氛围，也体现出中国文物学会的凝聚力和影响力。我们希望在座的各位同人，热爱自己的组织，关心自己的组织，更多地支持、参与活动，共同把我们的学会办得更加充满生机与活力。也恳切地希望宜兴市政府一如既往地支持中国文物学会的活动，支持文化遗产保护工作，在经济、社会、文化建设上取得更大的成果。

在清代宫廷戏曲学术研讨会开幕式上的致辞

（2013 年 5 月 11 日）

今天在这里举行“清代宫廷戏曲学术研讨会”，我谨代表故宫博物院对会议的召开和各位专家学者的到来，表示热烈的祝贺和诚挚的欢迎！

清代宫廷戏曲学术研讨对于我来说太专业了，还要让我致辞，难度更大。刚才我还跟陈丽华副院长说，当行政领导不如当研究人员，经常要离开自己的研究领域，身不由己地参加其他学术会议，接触一些过去很少接触的问题和学问，甚至要在相关领域的专家学者面前“班门弄斧”地发言。有时候还不得不“脑筋急转弯”，一天要参加几个会议。其中一个重要原因是故宫博物院所涉及的文物保护、藏品研究和展示传播的内容十分丰富，任务十分繁重。

今天，专家学者们在故宫博物院里研讨清代宫廷戏曲，应该是最符合研讨主题的场所。因为，紫禁城是清代的皇宫，是清代宫廷戏曲活动发生的地点。众所周知，清代各朝帝后都酷爱戏曲，戏曲表演一直是紫禁城里最重要的日常娱乐和庆典活动内容，既供帝王后妃消遣，又用来招待亲贵臣僚、外藩使节。慈禧太后更是一个戏迷，除了宫里的太监戏班演出，她还经常召社会上的名角、名班轮流进宫表演。清代宫廷戏曲呈现的是细致典雅、雍容华贵，在一定程度上代表着清代乃至中国古代戏曲表演的最高水准。因而，当我们在研究中国戏曲史时，应当认识到清代宫廷戏曲就是其中不可或缺的重要部分。

我想，故宫博物院关于清代宫廷戏曲的文化资源一共有三个方面。

一是故宫古代建筑群中与清代宫廷戏曲有关的建筑。在这些宫廷建筑中演出戏曲的舞台最为考究，还包括与戏曲演出有关的附属建筑。紫禁城的戏台都分布在内廷，例如有畅音阁大戏台、长春宫戏台、漱芳斋前院戏台、漱芳斋后殿“金昭玉粹”室内“风雅存”小戏台、倦勤斋室内小戏台等，这些戏台建筑都是清朝宫廷演戏的场所，虽然大小不一，使用功能也不同，但是都是在宫廷戏曲发展到成熟时期，为适应戏曲表演的需要而形成的戏台建筑，其造型美学风格都达到了中国传统戏台构造艺术的顶峰。同时，这些戏台的建造和使用又对宫廷戏曲艺术发展起到了重要推动作用。我想今天与会的各位专家对紫禁城的戏台比较熟悉，但是，由于有的戏台目前不在开放区域，例如漱芳斋内的两个戏台，可能未能亲临其境。这次会议特意安排参观这些戏台，大家可以实地考察。

二是故宫博物院文物藏品中与清代宫廷戏曲有关的文物资料。例如在服饰冠履方面，故宫博物院收藏有近 8000 件戏衣，以及大量盔头、鞋履等。这些清宫戏衣制作精良，华美溢彩，不乏苏州织造的精品。在砌末道具方面，故宫博物院收藏有 4300 余件清宫演戏用的道具，包括车、轿、兵器、布城等。这些宫廷戏曲道具都很精致，有些在民间难以见到。在乐器方面，收藏的清宫乐器种类繁多，包括单皮鼓、大铜锣、小锣、小铜钹、紫檀木拍板、月琴等。在剧本曲谱方面，收藏有 11491 册清代宫廷戏曲剧本，大都是实实在在的排演剧本，因不同内容和用途而分为安殿本、演出本、总本、角本、曲谱、题纲、串头、排场等，主要是南府时期和昇平署时期的抄本，数量大，价值高，非常珍贵。此外，还有清代宫廷戏曲图册、相关书画、昇平署腰牌等其他文物。

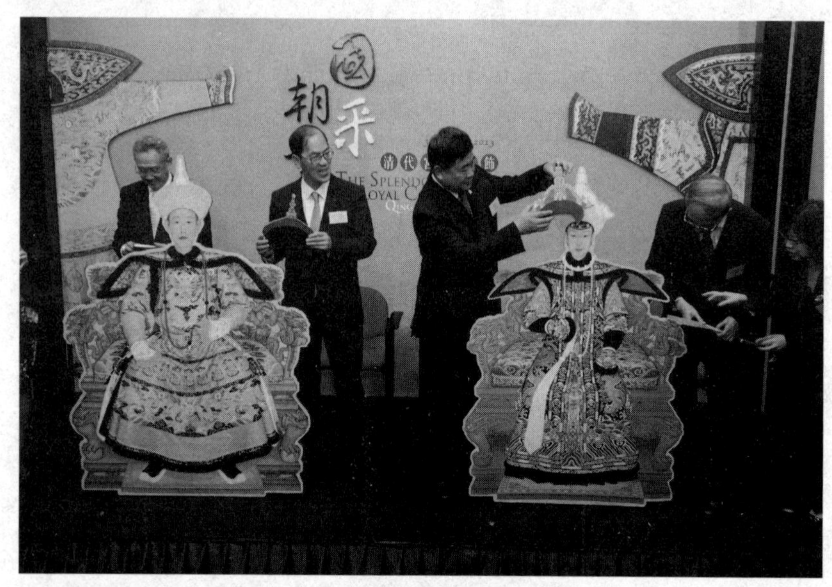

香港历史博物馆举行的“国采朝章——清代宫廷服饰”展览开幕式

三是故宫博物院文化资源中与清代宫廷戏曲有关的非物质文化遗产。戏曲是一门表演的艺术，与一定的时空相联系。物质文化遗产与非物质文化遗产互为表里，不可分割。当时宫廷戏曲表演的形象无法复原，但是声音的保留可以有助于研究。例如在唱片资料方面，20 世纪初，留声机和唱片开始进入宫廷生活，其中使用最多的是百代公司录制的京剧粗纹唱片。在故宫博物院为期 7 年的藏品清理过程中，宫廷部生活文物科所藏的 838 张清宫遗存的老唱片，首次登记在了故宫的文物账册上，标志着对这些珍贵宫廷戏曲遗存在认识上的重大改变。这些唱片藏品收录了当时众多京剧演员舞台艺术精华，其中不乏名角、名段，史料价值弥足珍贵。这批唱片的内容不仅在京剧发展史上，而且在体现宫廷艺术欣赏品位上，例如谭鑫培的《四郎探母》唱片、王鸿寿的《封金挂印》唱片等，都是极为重要的非物质文化遗产。

昨天下午，我们去看望朱家溍先生的家属，商量明年朱家溍先生诞生 100 周年纪念活动的筹办，在故居的墙上看到挂着多幅朱家溍先生京剧表演的剧照。大家知道朱家溍先生对清朝宫廷戏曲颇有研究，学风严谨，撰写出具有很高学术价值的论文，例如《昇平署时代昆腔弋腔乱弹的盛衰考》《清代乱弹戏在宫中发展史料》等，这些论文都是根据一直藏在清宫之内，从来不曾流传在外的昇平署档案写成的，对于了解清代道光至宣统时期的内廷戏曲，是极为可贵的第一手材料。同时，朱家溍先生通过长期广泛阅读院藏宫廷戏曲档案和剧本，十分熟悉场上表演，甚至亲自粉墨登场，又与曾入宫表演的名角儿相熟，今天到会的就有当年与朱家溍先生合作的丁汝芹先生，长期研究档案，做到论从史出，无一字无来历，学风非常扎实，在今天社会普遍浮躁的时代，这种学风非常值得提倡。

上面我简单地介绍了故宫博物院所拥有的清代宫廷戏曲的文化遗产资源内容，很不全面，挂一漏万。今天我们的责任就是深入挖掘和科学保护好这些珍贵的文化遗产。深入挖掘的任务主要依靠在座的专家学者，但是科学保护的任务故宫博物院责无旁贷。一是目前故宫博物院古建筑群正在经历全面修缮的过程，清代宫廷戏曲相关的古建筑群保护是其中的重要内容。二是故宫博物院正在筹建文物科技保护中心和故宫博物院北院区文物科技保护平台，包括清代宫廷戏曲文物藏品在内的馆藏文物将得到系统的修复保护。三是，应该重视与清代宫廷戏曲有关的非物质文化遗产的保护。例如清宫帝后享用过的唱片已经在文物清理中由文物资料提升为文物藏片，进入地下库房收藏，改善了保管条件，同时进行了账、物、卡的三核对，以及计算机录入文物管理系统的工作。

几年以来，故宫博物院宫廷部一直谋求将这些清代宫廷唱片进行音频移录，并就保护事宜专门赴上海中国唱片上海公司进行考察，获得指导支持，以便更好地保存这些清代宫廷唱片。关于剧本藏品，过去在《故宫珍本丛刊》中曾经选印了一批，但是专家学者还是希望能够将更多的剧本藏品内容公布出来，现在这些剧本藏品的扫描工作已经完成，开始进入出版程序，大家很快就能查阅和利用这批珍贵的清代宫廷戏曲资料。虽然故宫博物院有很丰富的研究清代宫廷戏曲的文化资源，但是在清代宫廷戏曲研究方面还需要努力。实事求是地说，朱家溍先生之后，故宫博物院关于清代宫廷戏曲的研究力量明显削弱，虽然相关文献、相关文物的保存与整理始终没有停止，也有较为深入的学术研究工作。今天故宫学研究所牵头来组织研讨，汇集故宫博物院宫廷部、图书馆、古建部相关研究人员，并邀请全国各地的专家学者一起进行清代宫廷戏曲的研究工作，共同推动相关研究的深入开展，这对于进一步促进故宫博物院学术研究水平的提升，对于清代宫廷戏曲研究的深入开展，都很有意义。

数字世界中的故宫博物院——在2013年北京数字博物馆研讨会上的发言

（2013年5月30日）

首先祝贺2013年北京数字博物馆研讨会成功举办。今天我发言的题目是《数字世界中的故宫博物院》。几天前，故宫博物院和北京市邮政局联合启动了全国博物馆第一个邮政服务系统，这项服务作为一项便民措施，收到了很好的效果。活动当天是国际博物馆日，观众很多，也来了很多媒体朋友，大家都希望故宫博物院院长在他们购买的首日封上签字，我也欣然应允。但是，签了四五十人以后，我就感觉手有些酸痛了，朋友们非常体谅我，让我休息一下再签。为什么写字不到20分钟手就酸了？我才意识到自己很久没有这么写字了，一直都在电脑上操作。现在，每天到故宫博物院上班的第一件事就是打开电脑，进入故宫信息化工作平台，处理公文，查阅信息。应该说，故宫博物院在实现办公自动化方面起步较早，在2005年就基本实现了无纸化办公。国家文物局机关由于当时我不太重视，目前还没有彻底实现无纸化办公。

进入故宫博物院信息化工作平台，我会根据每天的日程及会议安排，处理各类公文，并有目的地浏览一些需要了解的情况。例如，各类报批件、合同、采购等公文信息，财务管理系统中的预算信息和固定资产信息，经营管理系统中的各类报表数据，文档资源检索系统中的历史档案、文献信息，文物管理信息系统中的藏品信息等等。故宫博物院的资源主要有三个方面，第一是世界文化遗产故宫古建筑群，第二是我们收藏的国内外藏品，第三是我们的观众资源。作为院长，每天都需要了解这些资源的动态。比如古建筑，正在实施的工程有哪些，历史的状况是什么样的，目前工程的进展怎样，这些信息都可以从我们的信息化工作平台中获取。再比如文物管理信息系统，可以浏览 180 余万件藏品的详细信息，包括编目信息、研究信息、影像信息、提用信息、伤况信息、鉴定信息等等。故宫博物院收藏的文物编号分为故字号、新字号和书字号，故字号是指清宫旧藏的文物，这部分文物数量最多，大约占全部文物总数的 53%，新字号是指中华人民共和国成立以后征集的这部分文物，书字号是指故宫博物院收藏的 60 余万件古籍文献类文物。

前不久，我们向社会公布了故宫博物院文物藏品总目，这在全国博物馆中尚属首次。我认为公布藏品总目是博物馆的职责，我们的观众对博物馆的资源，应当有知情权、参与权，监督权，更应当有共享权。作为故宫博物院这样一个藏品资源非常丰富的大型博物馆来说，向社会公布文物藏品总目是件很艰苦的事。过去的七年里，在郑欣淼院长的领导下，全体文物部门员工经过艰苦卓绝的努力，将每一件文物和它的账卡一一对应起来，得出 1807558 件套这样一个详细的数字。但是到把它们真正公布出来，又花费了将近两年的时间。那么故宫博物院有些什么文物呢？从故宫博物院网站公布的藏品总目上可以看到，我们有 53000 幅绘画，75000 幅法书，29000 件碑帖，16 万件铜器，11000 件金银器，19000 件漆器，6600 件珐琅器，32000 件玉石，367000 件陶瓷，180000 件织绣，11000 件雕刻工艺，还有 13000 件其他工艺，68000 件文具，39000 件生活用具，2800 件仪器仪表，1100 件珍宝，42000 件宗教文物（其中 80% 都是藏传佛教文物），还有33000件武备仪仗，5060枚玺印，32000件铭刻，1800件外国文物，还有其他文物将近4000件，以及60万件册的古籍善本和4900件古建藏品。这些信息的公开，就是故宫博物院藏品清理工作的最重要成果。

中国博物馆协会新版网站上线仪式

我们还制作了一个电子沙盘，用以配合故宫博物院的文物、古建筑保护和规划工作。从沙盘上可以清楚地看到故宫博物院还有哪些地点需要进行环境整治，哪些地方需要进一步合理规划。大家知道，末代皇帝溥仪于1924年11月出故宫，不到一年后的1925年10月10日，故宫博物院挂牌成立，到今天已有88年的历史。但是今天进入故宫的大多数参观者，并没有把故宫作为一个博物馆来看待。除了加大宣传以外，我们还应当在环境整治、保护规划等方面做出更多努力，让故宫成为一座真正的博物馆。例如今年我在全国政协会议上提交的一份提案就是建议今后到故宫博物院参观的来宾车队和相关机动车辆不再穿行开放区域，包括午门广场和午门门洞。这样既有利于保证观众参观安全，又有利于维护故宫世界文化遗产应有的尊严。下面我想简要向大家汇报一下故宫未来的保护规划，其中也牵涉到很多数字建设内容。

一是午门城楼。午门城楼目前是个现代化的展厅，但是两侧其实还有很大的空间，就是东西各 1000 平方米的雁翅楼。如果将城楼和雁翅楼三部分连为一体，就能获得 2800 平方米的展示空间。我们想把它构建成为世界上独一无二、规模宏伟、独具特色的，外观保持历史风貌同时内部能够承担任何级别文物展示条件的一个大型展厅。这个展厅计划于 2015 年故宫博物院 90 周年院庆时举办一个气势恢宏的大型展览。

二是隆宗门以西区域。我们确定了故宫博物院西部开放计划。目前故宫开放的面积占故宫占地总面积的 46%，西部开放后，开放面积将达到 60% 以上。所谓西部，就是隆宗门以西的区域。由于这个区域从未开放过，因此令人期待，我们计划将最大的一组建筑——慈宁宫建成故宫博物院雕塑馆，旁边的寿康宫曾经是皇太后的寝宫，准备作为原状陈列展览，供观众体验当时后妃的生活。此外，慈宁宫花园也将对外开放。

三是东华门和东南角楼区域。我们计划将东华门和东南角楼由过去的库房变成开放场所，设立故宫博物院古建博物馆，展示拥有 600 年历史的紫禁城宫殿建筑的全貌以及古建筑文物藏品。特别是故宫角楼，历来是摄影爱好者创作的对象，观众朋友们都非常喜欢这个建筑，将来我们准备对它进行修缮后连同东华门城楼和一段城墙一起对外开放，观众可以从东华门一直走到角楼，再从角楼一直走到午门。这样一个参观体验过程想必非常引人入胜。

四是养心殿南边的御膳房。这是一组较大的古建筑，也是从未对外开放，目前作为家具库房。我们计划在这里设立故宫博物院古代家具博物馆，故宫里收藏有近6200件精美的明清家具，大多数是使用紫檀和黄花梨材料，此前它们很少有机会向观众展示。

五是延禧宫。这个地方在历史上多次发生火灾，所以末代皇后准备在这里建设一个西洋建筑“水晶宫”，下面有一个很大的养鱼池，人们可以进入地下室观鱼。可惜这组建筑尚未落成，就于1909年停工了。到1931年又于池之北、东、西三面建库房，贮藏古物图籍。这组中西合璧的建筑在故宫博物院地下库房建成以前一直存放最珍贵的书画藏品。我们计划将对这个院子整体规划，并建立故宫博物院外国文物馆。故宫博物院收藏的外国文物有一万多件，主要来源于对外文化交流、正常贸易和清宫造办处制作，这在中国博物馆中是很难得的。

六是端门城楼。端门区域过去由国家博物馆负责管理，最近才移交给故宫博物院。端门位于天安门之后、午门之前，规模和形式跟天安门一样，里面的空间也比较大。我们计划在这里建立故宫博物院数字博物馆。在这里，参观者能较为集中地观看故宫博物院的各种数字展示节目，充分领略端门这个独特的展示场所的魅力，尽享文化盛宴。由于端门位于紫禁城之外，因此下午五点半紫禁城关门之后，这里仍然能够对社会开放，可以有效弥补故宫博物院由于安全等方面原因要准时闭馆的缺陷。

七是大高玄殿。这里作为明清皇室的私庙，建筑非常精巧。中华人民共和国成立初期起，大高玄殿由机关单位占用，因古建筑年久失修，消防设施不健全，一直存在较大的火险隐患。经过多年的努力，目前大高玄殿终于完成腾退工作，正式移交给故宫博物院管理。下一步准备进行整体修缮并对外开放。我们计划在大高殿以南做道教文物陈列展览，雷坛建设数字博物馆，两边配房建设故宫数字图书馆。在数字博物馆内设立故宫专家讲坛，晚上也可以授课，成为市民的文化园地。在数字图书馆内还将陈列故宫出版社出版的各类书籍，喜欢的观众可以购买。

在故宫博物院这样的世界文化遗产地，数字化的陈列和展示非常重要。故宫内廷部分有很多庭园，很多房间，即使修缮好了，也没办法对观众开放，因为里面陈设的文物价值特别高，空间却特别狭小。比如三希堂，它很有名，但是面积只有 4.8 平方米，还没有我们家里的书房大，而且大半间是炕，地下只有两平方米左右的空间，进去三个人就满了。在这种情况下，数字技术就可以大显神通。通过数字技术，人们能够走进任意一个殿堂，任意一个房间，去看任意一个角落。数字世界中的故宫博物院实际上是一个立体的，包含各类数字成果的有机组成。在数字文化展示方面，我们已经做了很多努力，取得了一些成果。简要介绍如下。

一是开放路线内的数字文化展示服务。故宫目前每年大约有 1500 万观众，我们通过设置在重要地点的数字信息屏，向观众提供准确的路线和参观信息。比如，今天又有什么好的展览开幕了，又有什么引人入胜的活动，什么地方太拥挤，建议改变参观路线等等。同时，还要多设一些电子导览设施，使人们进入故宫以后能够各取所需地确定他们的参观路线。此外，我们还设立了一些视频节目播放区，例如书画馆播放区、主题视频片播放区、知识课堂的体验互动区、陶瓷馆体验互动区、数字故宫体验馆等等。我们还在展厅里利用数字技术来展示一些藏品。同时我们也在大力推广自动讲解器，因为它不干扰别人，并且能够听到非常详细和正确的解说。自动讲解器经过不断升级，目前已经拥有40种语言，包括各国语言，也包括维语、藏语这样的民族语言，甚至粤语、闽南语这样的方言，并且将王刚、张家声、鞠萍等不同录音版本都集成在一起，所以很受欢迎。我去过很多欧洲的博物馆，他们的自动讲解器一般有8种、10种语言，很少超过10种。过去很少有中文，现在基本都有中文了，并且排在日语、韩文之前。

二是和首都机场合作的“文化国门——故宫印象”项目。这个项目展示区位于首都机场T3航站楼E19国际中转旅客休息区，展厅面积约50平方米，分为视频播放区和互动区。视频播放区播放由故宫博物院制作的十多个经典视频片，而在互动区，观众可以通过全息投影节目，欣赏红山文化代表作“C龙”等。这个项目建成后，受到国内外旅客的好评。有的旅客说，自从有了故宫数字展厅以后，再不怕航班晚点了。

三是我们也在尝试制作一些视频片和影视作品，比如紫禁城的营缮记等。最近我们准备提升这方面，联手中国对外文化集团公司、北京歌华文化发展集团等文化单位共同推出大型驻场演出《紫禁城》，建设由歌华集团负责，院线由中国对外文化集团负责，故宫负责商标管理和内容监制。内容以明代永乐皇帝肇建紫禁城为平台，再现从选址、堪舆、规划建造一直到气势恢宏地将紫禁城建成的整个过程。希望在2016年能够正式演出，并且在2020年紫禁城建城600周年的时候，成为一个成熟的，代表北京文化的重要节目。

四是故宫网站。故宫网站比较强大，平均每天都有100万人次以上的点击率。今年我们主攻提升的空间第一是英文网站，今年的目标是把英文网站做大做强，我们准备找专业人士进行把关，内容务求专业、准确、丰富。第二是筹建青少年网站，现在有越来越多的青少年在网上获取知识，所以我们想把青少年的部分做得更加活泼，寓教于乐。此外还有一些为学术研究服务的专业网站，比如基于影像的中国古代书画研究系统等。

五是文化资产数字化应用研究。这个项目是故宫博物院和日本凸版印刷株式会社共同开展的，运用虚拟现实（VR）技术开发再现康乾盛世紫禁城金碧辉煌的雄姿。目前已完成了三大殿、养心殿、倦勤斋和灵沼轩等五部作品，正在制作第六部节目《角楼》。

六是不断探索新媒体的应用，让更多的人把故宫文化带回家。我们在 IPAD 应用方面也做了一些尝试，目前已在苹果商店推出故宫第一部 IPAD 应用《胤禛美人图》。《清代皇帝服饰》《紫禁城里的祥瑞》《清代皇帝的一天》《韩熙载夜宴图》等节目也在制作中。我们还开展了 360 全景项目，采用 360 度虚拟全景技术，对紫禁城建筑内外的实景进行全方位、多角度的展示，并通过互动游览、知识链接等多媒体新技术表现古建筑结构布局、文物历史以及相关文化知识。我们在文化产品的研发、销售方面也不断创新。比如开设故宫淘宝网店，推出宫廷娃娃等一系列受顾客喜爱的产品。此外，故宫出版社拥有国际最领先的书画复制技术，运用这项技术制作的书画复制品获得了海内外朋友的喜爱。德国总理默克尔访华时来故宫博物院参观，临走的时候送给她一件书画复制品，她非常高兴。

下面向大家介绍一下我们正在实施的平安故宫工程。平安故宫工程也是一个系统工程，在这里数字技术也将得到发展和应用。2013 年 4 月 16 日，国务院副总理刘延东同志及国务院八个部委的相关负责同志赴故宫博物院西玉河基地调研并召开现场会，正式批准了平安故宫工程。平安故宫，主要指故宫 17 万平方米的古建筑群的安全，180 万件文物藏品的安全以及 1500 万观众的安全。平安故宫工程重点要解决七大隐患：火灾隐患、盗窃隐患、震灾隐患、藏品自然损坏隐患、文物库房安全隐患、基础设施安全隐患和观众安全隐患。

针对这七个隐患，将建设七项重点工程。我简单地给大家作一个汇报。

第一个项目就是故宫博物院北院区建设。北院区选址在海淀区，目前选定的区域是一个 47 万平方米的用地，周围是一个闭合的交通系统和市政系统，中间有一片湿地，北面有一条河，环境很好。作为海淀区北部新区的重点文化项目和未来重要的公共文化设施，故宫博物院北院区将进行多功能的分区使用，包括文物修复与展示中心（非物质文化遗产展示）、国际博物馆协会培训中心、故宫文化产品研发中心、故宫文化传播中心（包括数字博物馆、数字音像出版等）、宫廷园艺中心和社区文化中心等方面的功能。其中国际博物馆协会培训中心将于今年 7 月 1 日在故宫博物院设立。大家知道，国际博物馆协会是我们文物博物馆界最早设立、最有影响的国际组织，于 1946 年成立。国际博物馆协会这几十年来从未在巴黎总部以外设立任何机构，这次他们同意在中国设立一个培训中心，并且同意设在故宫博物院，我们觉得责任很大。此外，由故宫博物院主办、文保科技部承办的古书画装裱修复培训班于 2013 年 3 月 4 日在故宫博物院西玉河综合基地正式开班，并于 2013 年 5 月 31 日圆满结束。共有来自全国 11 座博物馆和 4 个研究单位的学员参加了本次培训班。

第二个项目是地下文物库房建设。故宫博物院目前已建成两期文物库房，储存了大约 90 万件文物。但是现有库房在智能化管理、保护条件、面积等方面都不太适用我们今后的发展。所以要进行完善和改造，改造以后我们希望每一间库房的温湿度可以进行智能化调控，文物藏品防震必须达到安全标准，收藏文物的数量能够从 90 万件增长到 120 万件左右。

第三个项目是基础设施改造。基础设施改造在故宫博物院是一项非常重大的工程，受古建筑条件所限，多年来一直未能找到最佳的方案。这次我们下决心调整布局，按照“整体规划、论证先行、分区分阶段实施”的原则，在确保安全的前提下，对现有基础设施，如给水管线、消防管线、雨水管线、污水管线、供热管线、供配电系统、智能化系统等进行全面改造和升级，实现管线的优化管理，方便维护和检修，以期及时发现问题，消除安全隐患，以完善、先进的基础设施，为故宫博物馆安全奠定坚实的基础。

第四个项目是世界文化遗产监测。这是一项非常重要的工作，也是联合国教科文组织极力要求世界遗产地都要实施一项工程，故宫博物院在这方面应当起到带头作用。我们已经建立了世界文化遗产监测平台，成立了专门的监测组织机构，对文物建筑、室外陈设、植物动物、环境质量、游客动态、安全防范、基础设施、馆藏文物、非古建筑、监测保障等 10 个方面内容进行持续监测，以期为专业保护、合理利用提供科学依据。这些监测成果将每年形成一份完整监测报告。2012 年的监测报告即将以中文和英文两种文字正式出版。

第五个项目是故宫安全防范新系统。故宫博物院的老中控室在 1998 年建成，当时公安局来验收的时候说，北京有两个大型公共设施安防系统是最先进的，一个是中央电视台，一个是故宫博物院。前年公安局又来的时候说，北京有两个大型公共设施，安防系统是最落后的，一个是中央电视台，一个是故宫博物院。因为中央电视台要迁址，所以就没提升，故宫博物院哪都不能去，但是也没提升，结果吃了亏。现在我们要抓紧安防系统提升，2012 年 10 月故宫新安防系统正式启用，2013 年年底所有的设施将装配完善。这些系统包括防火、防雷、防盗、视频监控、客流监测系统以及展厅温湿度监控系统等。我们还要继续往前走，通过物联网等新技术使我们安防系统不断更新，更加强大。特别要说的是，故宫博物院的参观人数一直在逐年攀升，2012 年 10 月 2 日，观众达到 182000 人，远远超过了故宫博物院的承受能力。当大量观众涌入以后，如何进行疏导也将是数字故宫的研究方向。再比如文渊阁，于 2013 年 4 月 29 日正式对外开放。那天我们充满期待，中央电视台还架设摄像机拍了一天，结果上午只去了十几个观众。其实此前已经做了很多宣传，但是还是要靠数字技术对观众进行引导。

第六个项目是藏品防震。我们将根据北京地区的震情预测和故宫文物保护的具体要求，对展厅正在陈列文物的展柜、台座等进行全面排查、逐步更新升级。对文物库房采用封闭式、轨道式金属质密集柜，以有效防止柜体倒塌，起到防止文物损毁的作用；依据文物藏品的质地、体量，量身定做能够承受相当压力的文物囊匣，发挥囊匣在保护文物藏品方面的重要作用。同时，通过加装减隔震设施等现代科学技术手段，逐步实现对文物库房和展厅内文物的全面抗震防护。

第七个项目是院藏文物抢救性科技保护。针对大量院藏文物濒临腐蚀、锈蚀等严重自然损坏，将新建古代陶瓷试验和修复研究室、青铜器修复工作室、囊匣制作工作室，建立临时大体量木器文物保护修复工作室、纺织品文物保护修复工作室、古字画装裱修复工作室（兼作培训中心）、镶嵌文物保护修复工作室等，建立文物修复中心（木器、纺织品、镶嵌、字画装裱等），利用科学技术和传统技艺相结合对文物藏品进行修复。经国家文物局批准，并报联合国教科文组织同意，故宫西河沿将作为故宫博物院文保科技部新址。这个区域位于紫禁城以内，红墙以外，长 300 多米，计划建设 13000 平方米的文保科技用房。我们计划在 2015 年将红墙内的九处办公区整体迁出红墙外，将红墙内的区域全部让给观众，实现开放面积达到 76% 的目标。

最后强调一点，就是我们要格外关注数字化在线存储和离线存储。在今天这样一个信息时代，大量的数字信息存放在各类储存设备中，可以说它们的重要性不亚于故宫里保管的各类藏品，它们同样承载着无法再现的历史信息。打一个比方，故宫里收藏有历代帝王收集的 28000 件碑帖，经过战乱和自然的风化，这些作品原来对应的摩崖石刻很多已经消失，而这些碑帖就成了唯一的历史证据。那么我们再把它们进行数字化的扫描加工存储，这些珍贵资源就可以永久地保存下去。

在“故宫大讲堂”合作签约仪式上的讲话

（2013年7月5日）

秦皇岛“故宫文化大讲堂”的专题报告

非常高兴能在有“京津后花园”美誉的海滨城市，也是中国唯一一个因皇帝尊号而得名的城市——秦皇岛，和大家一起见证这个激动人心的时刻。经过双方积极的努力，由故宫博物院和秦皇岛市共同主办的系列公益讲座——“故宫大讲堂”今天在这里正式开幕。我谨代表全体“故宫人”对“大讲堂”的启动致以真挚的祝贺，向付出积极努力的秦皇岛市政府表示衷心的感谢，也向热情欢迎我们的港城民众表示诚挚的谢意！

这里是我国著名的避暑胜地，我们一行从炎热的北京来到这里，酷暑仿佛已经离去，我们感受到了不远处的大海带来的新鲜气息和丝丝凉爽，感受到这座海港城市独特的风景与舒适的生活，也更加深刻地认识到我们此行的意义，畅想着美好的未来。我相信，“故宫大讲堂”在这里落地、生根，一定会有更好的发展前景，让深邃厚重的故宫文化能够借着海风的推力，来到更多普通市民的身边，丰富他们的文化生活，让故宫文化及其所代表的传统文化的魅力，更好地传播、扩散，感染更多民众的心灵。

故宫博物院不仅是保存、研究、展示文物藏品的文化场所，更是人们感受历史、引发思考的文化空间。故宫博物院拥有世界上规模最大的古代宫殿建筑群，收藏着 180 万余件代表着中国文明史的珍贵文物，同时还有一支涉及领域众多、学术研究水平很高的专家学者队伍，已经取得了大量重要的学术研究成果。如何让这些文化资源和文化成果“走出”紫禁城、惠及更多的普通民众，是故宫博物院一直在努力的一项重要工作。

应该说，开办“故宫大讲堂”是故宫博物院和秦皇岛市在文化建设领域开展的一项重要工作。通过传播故宫文化，普及中国传统文化，弘扬中华文明，共同促进秦皇岛市文化事业的发展，丰富民众的文化生活。同时展示故宫博物院各项研究的最新成果，促进更加广泛的学术交流与互动。

我希望通过开办“故宫大讲堂”可以使更多的公众更加关心故宫博物院、了解故宫博物院、爱上故宫博物院，更多地了解我国的传统文化，从中汲取养分，享受文化的盛宴，获得深刻的文化体验。

关于故宫博物院科教能力的提升[1]

（2013年7月8日）

我到故宫博物院工作时，上级领导指示要重点抓好两项工作，一是做好故宫博物院的文物安全防范，避免出现安全问题。二是做好社会宣传，维护故宫博物院的文化形象。目前，在安全方面，国务院批准了“平安故宫”工程方案，正在积极推动项目实施。在宣传方面，与新闻媒体和社会公众共同努力，使故宫文化得以更好地传播。尽管故宫博物院的安全防范、社会宣传都很重要，但是并不是故宫博物院工作的全部，应该促进各项工作全面发展，只有各方面的工作协调发展，才能使文化遗产更加安全，社会形象更加健康。根据学术委员会专家们的建议，院长办公会议重点研究加强故宫博物院的科学研究和教育培训工作[1]。

故宫博物院于1978年成立研究室，作为专家学者著书立说、培养后学的基地。全院现有5个研究中心，其中古陶瓷研究中心为国家文物局重点科研基地，还有古书画研究中心、古建筑保护研究中心、明清宫廷史研究中心、藏传佛教文物研究中心等学术研究平台。在研究机构方面，有郑欣淼院长倡导成立的故宫学研究所，最近正在组建考古研究所。故宫博物院现有正、副高级科研人员近350人，其中在职近190人，离退人员近160人，综合学术力量特别是文物

① 此文为在故宫博物院2013年半年工作总结会上的讲话，2013年7月8日。

鉴定研究和包括古建筑在内的文物保护研究等，均在国内前列水平。但是，故宫博物院的学术研究力量长期以来相对分散，与院藏文物资源的研究需要不相称，也与所拥有的强大学术研究力量不相称，需要进行整合，因此建议成立故宫研究院。据说当年启功先生就有过这一建议，并说如果成立故宫研究院他就到这里来搞研究工作。这一建议在最近召开的学术委员会上得到委员们的赞同。当然，研究机构的名称并不重要，更加重要的是通过整合学术研究力量，发挥学术研究对故宫博物院事业的支撑作用，真正把学术研究工作重视起来。

根据专家建议和实际需要，近期还准备再成立两个研究所。一个是古文献研究所。故宫博物院设立文献研究机构已经有较长的历史，建院之初曾设立古物、图书两馆，图书馆又下设图书、文献二部。1928 年，改设古物、图书、文献三馆。文献馆是对明清实录、档案及其他历史文献进行整理编目、保管陈列、收集整理、摄影编辑。因此，这次设立古文献研究所，属于恢复传统的措施。事实上，故宫博物院收藏古文献种类繁多、数量可观，例如有文字的甲骨 23000 余片，有铭文的青铜器 1600 多件，敦煌吐鲁番文献有 200 多件，碑帖 28000 多件，明清尺牍有 42000 多通，以及善本图书 22 万册，古籍文献 12 万多册，书版 24 万块，这样的古代文献收藏量在中国文物博物馆界首屈一指，同样，就研究实力而言也位于国内的前列。因此对于故宫古文献的研究来说，组建古文献研究所既有工作基础，又有迫切需要，具有重要的意义。

另一个是明清档案研究所。明清档案是明清两朝中央政府和皇室在历史进程中留下的原始记录，与殷墟甲骨、敦煌写卷被誉为中国近代文化史上的三大发现。目前，国内外大宗收藏，除台北故宫博物院藏有清代档案39.5万余件册，台北中央研究院存有31万件册等外，主要收藏在中国第一历史档案馆，现有1000余万件册。这些明清档案是明清宫廷重要的文化遗存，与紫禁城古建筑、清宫旧藏文物密不可分，都是故宫文化遗产的有机组成部分。因此，这些明清档案藏品独立于故宫博物院之外，既不利于故宫文化遗产的完整保护，也不利于充分发挥明清档案的社会效益，因此应由故宫博物院统一保护和管理。目前，这些明清档案共分74个大宗，其中3000余件明代档案从不同侧面反映了明朝历史，占绝大部分的清代档案，内容涵盖政治、经济、军事、文化、外交等诸方面，翔实记录了清朝自肇建到衰亡的全部过程。这些档案不仅之前曾长期由故宫博物院管理、整理，而且大多数档案本来就存在紫禁城内，与宫中建筑物和各个机构联系在一起，是研究明清宫廷重大历史事件，了解宫廷历史文化最为重要的依据。同时，故宫博物院的文物藏品主要源于清宫旧藏，无论是举办宫廷原状展览，还是深入研究这些文物藏品的来源、功用、制作工艺及流程等，均离不开明清档案。另外，明清档案中，例如奏销档、陈设档、活计档等，有大量不同时代对紫禁城建设和修缮等方面的记载，是今天故宫整体保护修缮或进行古建筑研究所依据的宝贵资料。记得单士元先生早年就呼吁要研究明清档案，虽然现在1000余万件册的明清档案暂时还没有由故宫博物院保管，但是我们首先要把研究工作搞好。

在文物藏品科技保护方面有同样紧迫的需求。故宫博物院所拥有的180余万件文物藏品中，上百万件需要进行修复和采取预防性保护措施。2010年10月我访问了正在建设的埃及国家博物馆新馆的文物修复中心，虽然博物馆正在建设，但是文物修复中心先期建成投入使用，文物修复中心内共有8个文物修复空间，每个空间都有数个篮球场的规模，依据不同性质、材质的文物藏品，建立不同的文物藏品科技保护修复平台。当时我们就认为我国也应该建设强大的中国文物藏品修复中心，在我国博物馆和文物收藏机构中有数以千万计的中国文物藏品，还有数量更为巨大的可移动文物收藏在民间，也有数以百万计的中国文物藏品收藏在世界各地的博物馆，中国文物藏品科技保护和修复的巨大需求客观存在。因此故宫博物院应该勇于承担文化责任，立志建设世界一流的中国文物藏品科技保护中心。

目前，西河沿文物保护综合业务用房已经获得国家文物局批准，并报联合国教科文组织世界遗产中心同意，即将开工建设，建成以后不但文物科技保护人员的工作条件和精密科研仪器设备的工作环境将得到有效改善，而且目前在紫禁城红墙内的 9 处办公科研单位得以全部搬出，实现红墙内扩大开放，文物建筑修缮、安全防范保障等方面也将得到全面提升。

故宫文物保护修复是一项长期工程，必须要有持续的人才资源支撑。故宫博物院文物藏品中大部分为清宫旧藏，有些文物藏品出自清宫造办处，保护修复不仅依靠科学技术手段，而且需要依靠传统技艺传承。在北京市东城区的南部，昔日的崇文区，有众多从事传统工艺品制造的企业。例如北京龙顺成中式家具有限公司、北京同兴和古典家具有限公司、北京金漆镶嵌有限公司、北京珐琅厂、北京剧装厂、北京象牙雕刻厂、北京美术红灯厂、北京百工坊艺术品有限公司等都有一些掌握传统技艺的老师傅，甚至成为身怀绝技的非物质遗产传承人。这些非物质遗产传承人的前辈有些就曾经供职于清宫造办处，对于故宫博物院的清宫旧藏文物比较熟悉，如果参与这些文物藏品的保护修复，将不但使文物藏品得到保护，而且使传统技艺得以传承。为此故宫博物院与东城区政府达成共识，由故宫博物院建立起文物藏品保护修复平台，由东城区政府组织非物质文化遗产传承人参与文物藏品的修复工作。2013 年 6 月 26 日，“平安故宫”工程院藏文物抢救性科技修复保护合作项目启动仪式在故宫博物院举行，北京剧装厂的孙颖老师代表非物质文化遗产传承人发言，40 多位传承人即将在木器家具、宫廷灯具、车马轿舆、中和韶乐、佩刀佩剑、剧装盔头、缂丝挂屏等 8 个文物保护修复平台上进行工作。这是故宫博物院第一次引入社会人才修复文物，也是在用人机制方面的探索。我看过一些传承人的业务档案，显示他们的前辈或者师傅的师傅曾在清宫造办处工作，显示他们的技艺流传有序。

在故宫博物院北院区，要建设世界上最具实力的中国文物藏品科技保护基地和平台，将来数量众多、体量较大的明清地毯、古代家具、武备仪仗、车马轿舆、宫廷灯具、生活用具、西洋钟表、古建藏品等都可以在这里得到系统的修缮。通过故宫博物院北院区的建设，一批国家级非物质遗产项目将得到有效保护，一批非物质遗产传承人的特殊技能将得到传承弘扬，一批濒临失传的手工技艺将得到重新振兴。今年，故宫博物院就在北院区举办了第一期古书画装裱修复培训班，为全国 11 个博物馆和 4 个研究单位培养了古书画装裱修复人才。实际上与基地和平台的建设相比，更为重要和困难的是人才的会集和培养。今后文物藏品保护修复需要大批既掌握核心技术，又具有先进理念的专家学者和技术人才，因此人才的培养与引进极为迫切。

2010 年 11 月，国际博物馆协会第 22 届大会在上海召开，这是有史以来在中国召开的文物博物馆领域最大规模的一次国际会议，共有 3500 名注册代表。大会之前，我们与国际博物馆协会进行深入沟通，希望在中国设立一个国际博物馆培训中心，虽然知道实现这一目标有一定难度。因为，国际博物馆协会自 1946 年成立以来，从没有在巴黎总部以外设立过任何分支机构。经过执着努力，终于同意将这一建议提交大会讨论，经过大会表决获得通过。去年国际博物馆协会主席来故宫考察，今年在巴黎召开的国际博物馆协会执行委员会会议上通过了故宫博物院的方案，同意在故宫博物院设立国际博物馆培训中心。今年 7 月 1 日，国际博物馆协会主席再次到故宫博物院，参加了国际博物馆培训中心签约和揭牌仪式，正式向全世界发布成立信息。

上海（2010 年 11 月 11 日）国际博物馆协会第 22 届大会闭幕式

故宫博物院与东城区政府合作，整合资源，利用双方优势，建立“故宫学院”。东城区政府为“故宫学院”的设立提供有力支持，同意在北京国际职业教育学校挂牌成立故宫学院，这里出东华门步行 15 分钟以内即可到达。国际博物馆协会主席一行考察了这所学校，在学校的屋顶上可以清晰眺望故宫古建筑群，认为这里也是设立国际博物馆培训中心的理想地点。学校教学培训设施齐全，有 30 间教室和阶梯教室等，将来“故宫讲坛”也准备移到这里举办。

故宫学院的教学应该包括四个方面，一是面对全院员工的业务培训。基于持续提升员工业务水准，需要建立定期、长效的培训机制。培训内容涉及故宫建筑文化、文物藏品保护、文物实操规范、库房管理基础，以及学术论文规范等各个方面。二是面对文物博物馆业界的研修与培训，借故宫学院的平台，发挥故宫博物院在文物鉴定、研究和保护等领域的优势。培训内容包括古建筑保护、文物鉴定、馆藏文物科技保护、博物馆学知识等，以及文物博物馆业界有需求的专业培训，还可以开展有文物博物馆专业高等院校的教师培训。三是面对社会公众的培训和讲座。内容包括以故宫文化为中心，针对传统文化爱好者的文物鉴赏、传统技艺传承、文化遗产保护等方面的专业知识讲授，还可以包括针对青年学生的历史文化知识、文物知识、故宫学知识等内容，持续举办故宫讲坛。四是面对世界博物馆领域的培训。依托国际博物馆培训中心，为来自世界各国博物馆领域专业人士精心策划各项培训计划。总之，故宫学院的成立，旨在扩大故宫博物院面向专业领域和社会公众的开放度，凭借故宫博物院在文物保护与研究、博物馆管理与博物馆学研究、宫廷历史与沿革等领域的资源与研究优势，拓展作为公共文化机构的宣传与教育职能。同时，开展对外培训可以教学相长，也有利于提升故宫博物院自身的学术科研水平。此外，故宫出版社十分难得地申请到国家社会艺术水平等级考试书画类的资格，建立面向全国书画学习者的技能培训与测评系统，将来书画考级中心的相关培训也可以在故宫学院举办。

要想有一个好的发展，必须有一个好的环境。今年以来，故宫博物院加大了与社会各界的合作。例如与天津大学建立合作关系，共同加强在故宫古建筑研究和世界文化遗产监测方面的合作。与中国对外文化集团和北京歌华集团签署了合作协议，三方合作建设紫禁城艺术文化中心，举办紫禁城题材的大型驻场演出，宣传故宫文化。与雅昌集团建立战略合作，共同探索故宫图书出版和文化产品研发的提升。此外，先后与安徽省政府、中国文化遗产研究院、国家大剧院、东城区法院、北京邮政公司等也均建立了合作关系。同时，经常邀请社会各界人士走进故宫博物院，例如全国建筑界的各位院士、“8+3”博物馆的各位馆长、各国驻华使节、香港和澳门特区的行政长官、台北故宫博物院院长等。今年还计划邀请联合国驻京机构的各位代表走进故宫博物院。继续与国际著名博物馆建立合作关系，例如近日与大英博物馆签署谅解备忘录，与美国的波士顿艺术馆签署合作协议。继续将国外博物馆的展览引进故宫，继去年举办中国与墨西哥古代玉石文明展之后，目前在午门展厅正在举办来自英国国立维多利亚与艾尔伯特博物馆的印度宫廷的辉煌展，故宫博物院的展览也更具文化魅力地持续走向世界各地。

雅昌故宫商店

不久前，我们向位于房山区的汲引室图书馆捐赠图书，再次参观了房山云居寺石经。云居寺管理处的同事让我讲述一下“房山石经精神”。我在十几年前担任房山区委书记时，面对云居寺石经有感而发，总结了十六个字的房山石经精神，即“坚韧不拔、锲而不舍、一丝不苟、默默奉献”。我认为从事任何事业都需要精神力量的支撑，房山石经恰恰体现了这种精神力量。隋末唐初，静琬法师来到白带山下，不畏当地的艰苦条件，面对荒山背靠茫野，一锤一錾开始凿刻石经，体现出“坚韧不拔”的精神；凿刻石经这样一件民间工程，竟然从隋唐到明末，持续了一千多年，堪称世界奇迹，体现出“锲而不舍”的精神；千百年来云居寺僧人一共凿刻了 14278 块石经，字体工整，没有错字别字，真正做到万无一失，体现出“一丝不苟”的精神；当年每当一块石经凿刻完成，不计得失，不留姓名，或抬到山上洞中，或深埋地下穴内，为后世传承，体现出“默默奉献”的精神。当年房山云居寺石经的开凿是为了保护和传承佛教文化遗产，今天我们开展的“平安故宫”工程是为了保护和传承故宫文化遗产，都需要“坚韧不拔、锲而不舍、一丝不苟、默默奉献”的精神。最近我阅读了《故宫精神 · 故宫人》一书，很多文章感人至深，特别是郑欣淼院长提出的“典守珍护、弘扬服务、敬业奉献、开放创新、奋发和谐”的故宫人精神，需要我们在今后的事业发展中长期坚持。如果我们始终以这种精神面貌，面对每日平凡的工作，故宫博物院就一定会拥有更加美好的未来！

在中国第十五届清史学术研讨会上的发言

（2013 年 9 月 14 日）

今天，百余位清史文化学者济济一堂，在未来 4 天里，将就两年来的学术新发现、新思考、新收获，坦率呈献、坦诚交流、坦荡研讨，实为清史学术研究领域的盛事。朱诚如先生让我在会议上发言，我请示他能不能不讲？他说不但不能不讲，而且还要多讲一些。我能讲什么呢？大家都是清史方面的杰出专家，只有我不是。由非专家给专家讲话，容易助长不良风气，也是目前正在批评的“形式主义”的一种表现。有的人即使是某一领域的专家，但是也不可能是所有领域的专家，例如你是搞瓷器的，就最好在自己的领域发挥特长，而不要到处去鉴定铜器、玉器、书画、碑帖，每个领域都有自己的专家群体，应该尊重别人的学术研究，也不要给自己找麻烦，否则你一讲就一定会露馅。今天是清史学术研讨会，是重要的学术会议，我在这里讲清史学术内容就会出问题，就如同搞瓷器的硬着头皮鉴定铜器。实际上，我的同事给我写了一篇发言稿，有相当的水平，但是大家一听就知道不是我写的，我也不敢照稿宣读。那么怎么办呢？朱诚如先生和宋纪荣副院长给了我一个出路。就是让我讲一讲故宫博物院的近期工作。借此机会我就简单汇报一下故宫博物院的情况。

2002 年，国家批准了两项重要文化工程，一个是清史纂修工程，另一个是故宫整体修缮工程。清史纂修工程延续传统文化，平安故宫工程保护传统文化，同样意义重大。10年后的2013年4月，国务院批准了“平安故宫”工程总体方案，预计用8年时间，基本实现故宫博物院进入安全稳定的健康状态，全面提升管理和服务水平，迈进世界一流博物馆行列。大家知道，2020年，是我国政府宣布全面进入小康社会的一年。对于故宫博物院来说，这一年也极具象征意义，一是2002年经国务院批准的故宫整体修缮工程，经过18年的实施，将在2020年全面完成，紫禁城古建筑群将更加壮美。二是2013年经国务院批准的“平安故宫”工程，经过8年的实施，也将在2020年全面完成，紫禁城将更加安全。为了实现“平安故宫”工程的目标，故宫博物院正在提升各方面的工作质量。

一是安全保障提升。安全保障提升的中心任务，就是实施今年4月16日国务院批准的“平安故宫”工程。“平安故宫”工程的三大保护对象是，故宫博物院17万平方米的古代木结构宫殿建筑群的安全、180万余件文物藏品的安全和每年约1500万中外观众的安全。“平安故宫”工程要解决7项隐患：第一，火灾隐患，这是列为头等重要的防范对象；第二，盗窃隐患；第三，震灾隐患；第四，藏品的自然损坏隐患；第五，文物库房隐患；第六，基础设施隐患；第七，观众安全隐患，这一隐患的危险性在日益增加。明确三个保护对象，解决七个方面的隐患问题，这就是“平安故宫”工程的核心内容。国务院立项的“平安故宫”工程的重点内容包括七个项目，即故宫博物院北院区建设、地下文物库房改造、基础设施改造、世界文化遗产监测、故宫安全防范新系统、院藏文物防震、院藏文物抢救性科技修复保护。

故宫博物院专业保安队伍

二是保护修缮提升。今年，故宫整体修缮工程已经进入第 11 个年头。在这个过程中，坚持尽量不改变文物原状，维护观众的参观权益，做了大量的工作。故宫整体修缮工程的意义，不仅仅在于保证古建筑的健康、安全，还在于通过修缮持续扩大开放空间。2002 年，故宫整体修缮工程实施之前，故宫博物院对观众开放空间只有 30%，而今天开放空间已经达到 50% 左右。目前，古建部和有关专家正在对 10 年来的修缮工程进行总结，编制各项工程的修缮报告和研究成果，这是十分重要的工作。故宫整体保护修缮工程要更加精益求精，最大限度地保留珍贵的历史信息，注重传统工艺的传承，工程进度必须服从工程质量。在继续实施整体保护修缮工程的同时，针对古建筑的岁修、零修一定要抓紧，建立常态化的工作机制，小问题不及时修补，往往就会积攒成大问题。

三是环境质量提升。今年 2 月至 5 月，用 3 个多月的时间，对故宫博物院内的所有房屋有计划地进行走访，对室内外环境进行考察，为实施保护整治提出建议。目前正在积极地实施环境保护和继续文物清理工作。包括文物箱柜类、古建门窗类、石构件类、织绣类、附属文物类、展柜展具类、杂物类的清理，要使故宫博物院的10000间房间都要做到整洁有序。同时，分布在各处的彩钢房存在火灾隐患。最近公安部根据今年以来火灾高发的形势，发布通知要求集中对彩钢房进行整治。故宫博物院内共有58栋彩钢房，目前结合环境整治已经拆除数栋彩钢房，要克服困难，消除这些隐患，维护古建筑群的景观。近期还开始对于内务府区域、南库区域、西河沿区域进行整治，改变“脏、乱、差”的环境。将来南三所建筑群腾出来后，经过古建筑保护修缮，可以用来作为故宫研究院的用房，专家们的工作条件将获得明显改善。

四是陈列展览提升。目前，进入故宫博物院的大多数观众在导游的带领下，往往沿着中轴线匆匆而过，常常忽略两侧展示珍贵文物的陈列展览。实际上，经过建院以来88年的探索实践，故宫博物院不断结合所拥有的文化资源，完善陈列展览内容，形成独具特色的展览体系。在故宫博物院的陈列展览中，最具影响力的是原状陈列，无论是中轴线上外朝太和殿、中和殿、保和殿的“三大殿”陈列，还是内廷乾清宫、交泰殿、坤宁宫的“后三宫”陈列，都具有强烈的吸引力，以至于进入故宫博物院的大部分观众总是沿着中轴线参观。下一步陈列展览继续完善，例如在外朝两侧安排与皇宫朝会大典文化相关的武备仪仗等文物陈列，在内廷两侧安排与皇帝处理日常政务和帝后及其年幼子女居住文化相关的生活用具等文物陈列。午门－雁翅楼正在进行修缮，计划在90周年院庆实现举办展览，故宫西部区域的开放也在推进之中。

五是服务水平提升。经过努力，目前端门－午门广场的环境整治提升工程初步完成。回想一年多以前，端门广场尚未启用，观众只能在午门前的东、西售票处购票，16个售票窗口常常挤得满满的，一到暑期和“五一”、国庆节等节假日，观众需要排队1个小时左右才能买到票，每当看到观众们为买票挤得筋疲力尽，才能拖着疲惫的身体进入故宫博物院，故宫博物院的员工们心里很不是滋味。当时，在午门广场上，购票、验票、存包、安检各项职能交集，人群挤成一片。在人群中还有“黑倒票”“黑导游”、小商小贩混迹其中，观众对故宫博物院的第一印象可想而知。如今端门－午门广场经过整治，环境清新宜人，古建筑得到修缮，基础设施得到改善。特别是贵宾的机动车不再驶入紫禁城，保护了观众的文化权益，也保障了文物的安全。

故宫博物院无障碍设施

六是科教能力提升。根据学术委员会专家们的建议，最近院长办公会议重点研究加强故宫博物院的科学研究和教育培训工作。故宫博物院现有5个研究中心，其中古陶瓷研究中心为国家文物局重点科研基地，还有古书画研究中心、古建筑保护研究中心、明清宫廷史研究中心、藏传佛教文物研究中心等学术研究平台。在研究机构方面，有故宫学研究所和新组建的考古研究所。故宫博物院现有在职正、副高级科研人员近350人，综合学术力量在国内前列水平。但是，学术研究力量长期以来相对分散，与院藏文物资源的研究需要不相称，也与所拥有的强大学术研究力量不相称，需要进行整合。因此经过长期酝酿，今年秋季将成立故宫研究院，通过整合学术研究力量，发挥学术研究对故宫博物院事业的支撑作用，真正把学术研究工作重视起来。

根据专家建议和实际需要，近期还准备再成立两个研究所。一个是古文献研究所。故宫博物院设立文献研究机构已经有较长的历史，建院之初曾设立古物、图书两馆，图书馆又下设图书、文献二部。1928年，改设古物、图书、文献三馆。文献馆是对明清实录、档案及其他历史文献进行整理编目、保管陈列、收集整理、摄影编辑。因此，这次设立古文献研究所，属于恢复传统的措施。事实上，故宫博物院收藏古文献种类繁多、数量可观，例如有文字的甲骨20000余片，有铭文的青铜器1600多件，敦煌吐鲁番文献有200多件，碑帖28000多件，明清尺牍有42000多通，以及善本图书22万册、古籍文献12万多册，书版24万块，这样的古代文献收藏量在中国文物博物馆界首屈一指，同样就研究实力而言也位于国内的前列。因此对于故宫古文献的研究来说，组建古文献研究所既有工作基础，又有迫切需要，具有重要的意义。

另一个是明清档案研究所。明清档案是明清两朝中央政府和皇室在历史进程中留下的原始记录。目前，国内外大宗收藏，除台北故宫博物院藏有清代档案 39.5 万余件册，台北中央研究院存有 31 万件册等外，主要收藏在中国第一历史档案馆，现有 1000 余万件册。这些明清档案是明清宫廷重要的文化遗存，与紫禁城古建筑、清宫旧藏文物密不可分，都是故宫文化遗产的有机组成部分。同时，故宫博物院的文物藏品主要源于清宫旧藏，无论是举办宫廷原状展览，还是深入研究这些文物藏品的来源、功用、制作工艺及流程等，均离不开明清档案。另外，明清档案中，例如奏销档、陈设档、活计档等，有大量不同时代对紫禁城建设和修缮等方面的记载，是今天故宫整体保护修缮或进行古建筑研究所依据的宝贵资料。

在文物藏品科技保护方面有同样紧迫的需求。故宫博物院所拥有的 180 余万件文物藏品中，上百万件需要进行修复和采取预防性保护措施。我国应该建设强大的中国文物藏品修复中心，在我国博物馆和文物收藏机构中有数以千万计的中国文物藏品，还有数量更为巨大的可移动文物收藏在民间，也有数以百万计的中国文物藏品收藏在世界各地的博物馆，中国文物藏品科技保护和修复的巨大需求客观存在。因此故宫博物院应该勇于承担文化责任，立志建设世界一流的中国文物藏品科技保护中心。目前，西河沿文物保护综合业务用房已经获得批准，即将开工建设，建成以后不但文物科技保护人员的工作条件和精密科研仪器设备的工作环境，将得到有效改善，而且目前在紫禁城红墙内的 9 处办公科研单位得以全部搬出，实现红墙内扩大开放，文物建筑修缮、安全防范保障等方面也将得到全面提升。

故宫文物保护修复是一项长期工程，必须要有持续的人才资源支撑。故宫博物院文物藏品中大部分为清宫旧藏，有些文物藏品出自清宫造办处，保护修复不仅依靠科学技术手段，而且需要依靠传统技艺传承。为此故宫博物院建立起文物藏品保护修复平台，组织非物质文化遗产传承人参与文物藏品的修复工作。2013年6月26日，“平安故宫”工程院藏文物抢救性科技修复保护合作项目启动仪式在故宫博物院举行，40多位传承人开始在木器家具、宫廷灯具、车马轿舆、中和韶乐、佩刀佩剑、剧装盔头、缂丝挂屏等8个文物保护修复平台上进行工作。这是故宫博物院第一次引入社会人才修复文物，也是在用人机制方面的探索。我看过一些传承人的业务档案，显示他们的前辈或者师傅的师傅曾在清宫造办处工作，显示他们的技艺流传有序。

“平安故宫”工程月度新闻发布会

最近，故宫博物院与东城区政府合作，整合资源，利用双方优势，建立“故宫学院”。东城区政府为“故宫学院”的设立提供有力支持，同意在北京国际职业教育学校挂牌成立故宫学院，这里出东华门步行15分钟以内即可到达。学校教学培训设施齐全，共有30

间教室和阶梯教室。

故宫学院的教学包括四个方面，一是面对全院员工的业务培训。基于持续提升员工业务水准，需要建立定期、长效的培训机制。培训内容涉及故宫建筑文化、文物藏品保护、文物实操规范、库房管理基础，以及学术论文规范等各个方面。二是面对文物博物馆业界的研修与培训，借故宫学院的平台，发挥故宫博物院在文物鉴定、研究和保护等领域的优势。培训内容包括古建筑保护、文物鉴定、馆藏文物科技保护、博物馆学知识等，以及文物博物馆业界有需求的专业培训，还可以开展有文物博物馆专业高等院校的教师培训。三是面对社会公众的培训和讲座。内容包括以故宫文化为中心，针对传统文化爱好者的文物鉴赏、传统技艺传承、文化遗产保护等方面的专业知识讲授，还可以包括针对青年学生的历史文化知识、文物知识、故宫学知识等内容，持续举办故宫讲坛。四是面对世界博物馆领域的培训。依托国际博物馆培训中心，为来自世界各国博物馆领域专业人士精心策划各项培训计划。总之，故宫学院的成立，旨在扩大故宫博物院面向专业领域和社会公众的开放度，凭借故宫博物院在文物保护与研究、博物馆管理与博物馆学研究、宫廷历史与沿革等领域的资源与研究优势，拓展作为公共文化机构的宣传与教育职能。

清史纂修工程无疑是目前历史学界最大的文化学术工程，它是清史学界的幸运与骄傲。研究明朝以前各朝代的史学者，没有机会参与这样重量级的国家修史工程，没有机会去延续“易代修史”的文化传统。至于民国史学者，要想有机会参与未来的民国史纂修工程，还需要慢慢地等待。全国1600余名清史学者以撰稿、组稿、审稿等方式直接参与了主体工程项目，还有无数的资料收藏单位与个人参与了整理、编译、摄录、出版等基础工作。可以说，清史纂修工程是清史学界及相关学界集体智慧的结晶。这项工程完成后，清史学界将获得历史学界的崇高荣誉。因为我们延续了一个文化传统。

今天向大家汇报了故宫博物院的近期工作，一方面表明故宫博物院的今天努力成果，将对各位专家学者的清史研究工作提供尽可能多的支持。另一方面希望各位专家学者关注故宫博物院的发展，特别是关注即将成立的故宫研究院和故宫学院两座研究教育机构，请各位专家学者能够进入故宫研究院的学术研究平台，走上故宫学院的讲台，发挥重要学术引领和文化传播作用。

在故宫博物院与中国教育学会签订战略合作协议仪式上的讲话

（2013 年 9 月 22 日）

与中国教育学会签署战略合作协议仪式

如何利用博物馆丰富的文化资源，服务教育、开展教育，一直是我们故宫博物院同人的追求。我们一直在探索故宫教育的模式。从去年开始，我们通过走出去与请进来的办法开展了以故宫文化为主题的多种教育活动。首先与北京东城区合作开展了“故宫讲坛”活动，受到了社会的热情鼓励与支持。同时我们又将北京中小学老师请进故宫博物院，通过观摩、鉴赏，感受博大精深的中国文化。为了更加稳定持久有效地开展教育工作，我们今年又相继成立了“故宫书画教育中心”“故宫书画考级中心”等教育机构，“故宫学院”也即将正式成立。

同时我们也更加努力地通过寻求合作来拓宽我们的教育渠道。我们先后通过与北京市教委、北京市教育学会的合作开展了“三希讲堂”北京市中小学书法教师的培训项目。通过与东城区教委以及北京国际职业学校合作，开办国际博物馆培训课程。通过与北京华文学院的合作探讨中国文化在海外的传播方式。通过与河南省教育学会合作编写中小学书法教材，尝试故宫博物院为中小学书法教育服务的新途径。今天，我又迎来了与中国教育学会的战略合作。这次合作无论是广度还是深度都是空前的。这对充分利用故宫博物院的各种资源发展教育无疑提供了重要的支持作用。

故宫是世界文化遗产，不仅拥有丰富的文化资源，同时还拥有一大批造诣精深的专家队伍。中国教育学会是全国性的学术团体，拥有广泛的教育资源与名师队伍，双方的合作必将创造一个教育发展的新天地，必将对中国传统文化的传播产生积极的推动作用。在此我衷心祝愿大家在合作中建立起深厚的友谊。故宫是大家的，是全人类的，我们都要懂得爱护她，保护她，但也要懂得如何把她蕴藏的文化发扬光大。这也是我们合作的愿景。让我们携手努力吧。

在故宫研究院成立大会上的讲话

（2013 年 10 月 23 日）

故宫研究院成立大会

首先我代表故宫博物院欢迎各位的到来，与故宫博物院的同人们一起共同见证故宫研究院的成立。

故宫研究院的成立是故宫博物院在学术建设方面的一件大事，是故宫博物院在学术研究领域的一项重要举措。岁月如梭，经过近 90 年的发展，故宫博物院已经发展成为世界著名的博物馆之一。今天这里不但拥有世界上规模最大、保存最完整的古代宫殿建筑群，拥有世界上收藏数量最多、价值最高的中国历代文物，拥有世界上数量最多，文化多元的观众群体，更拥有众多享誉业内外的专家学者。近 90 年来，经过几代故宫学人的艰苦努力，故宫博物院的学术研究长期保持在较高水平，在国内外博物馆界拥有崇高的学术地位，名师大家层出不穷，高质量的学术成果不断涌现，为故宫博物院的业务人员团队养育，以及学术研究打下了坚实而丰厚的基础。

今天，故宫研究院的成立，既是故宫博物院学术积累的必然结果，同时也是事业发展的迫切需要。经过不懈努力，故宫博物院不但设置了研究室，创办了故宫学研究所，而且先后成立了古陶瓷研究中心、古书画研究中心、古建筑研究中心、藏传佛教研究中心、明清宫廷史研究中心，此次又新成立了考古研究所、古文献研究所、明清档案研究所，今年又获得批准建立博士后科研工作站，初步形成了一室、一站、四所、五中心的故宫研究院基本架构。故宫研究院的成立，既整合了故宫博物院已有的学术研究力量，使原本分散的、专业方向单一的研究机构集合起来，形成合力，又根据故宫博物院的学术发展和科研需求，创建了新的科研机构，有利于故宫博物院学术研究体系的合理规划，有利于研究力量的加强和学术水平的提高，同时也有利于不同专业之间的沟通，有利于产生高水平的综合研究成果。

目前，故宫博物院的事业发展迎来了一个新的历史机遇。今年 4 月，“平安故宫”工程项目获得国务院批准，而顺利实施“平安故宫”工程，需要学术科研的支撑，依赖于高质量的研究水平和研究成果的保障。因此，故宫研究院的工作在一定程度上不同于一般意义的学术研究，它的研究成果可以直接转化为文化遗产保护的实际措施，可以为故宫博物院的藏品研究、科技保护、陈列展览、服务观众、文化传播等各项工作的开展提供支撑服务。

故宫研究院的成立受到了国内及国际文物和博物馆界的高度关注，昨天晚上我读到了一些来自世界著名博物馆馆长的来信，对故宫研究院的成立表示热烈祝贺。例如美国大都会艺术博物馆康柏堂馆长表示："我为故宫博物院成立研究院的远见和分享藏品与资源的胸襟鼓掌。这项创举将使现在和未来研究中国艺术的学者受惠无穷。我期待与贵院合作提升研究活动，实践文化交流，加强学术合作，这样我们将与全世界分享中国独特的文化遗产。"英国大英博物馆尼尔·麦葛瑞格馆长在来信中说："成立故宫研究院再一次展示了故宫博物院作为中国学术界以及博物馆实践领域领头人在世界上的重要地位。研究院的学术成果无疑将在世界上那些重视中国文化研究和期盼展示中国文化的角落获得积极反响。"英国国立维多利亚与艾尔伯特博物馆马丁·罗特馆长在贺信中则指出："故宫研究院的成立再一次显示出故宫博物院为未来所做的前瞻性谋划和创新战略眼光。此举将在世界范围内搭建起故宫博物院与其他博物馆和大学间沟通与合作的桥梁，并让故宫博物院在未来的学术讨论及国际交流中成为主要参与者。"

今天，故宫研究院成立了，这将是一个令人尊敬的学术研究机构。我希望在社会各界的共同努力下，故宫研究院呈现出独立的学术精神和包容的学术思想，真正成为专家学者的学术园地，扎扎实实为故宫文化遗产保护与故宫博物院发展、为中华优秀传统文化的永续传承，贡献出独具的力量。同时，希望故宫研究院的成立，为国内外专家学者开展合作性课题研究提供开放平台，让世界各地的知名专家学者源源不断地走进故宫，让博大精深的故宫文化满怀自信地走向世界，让故宫博物院的业务人员从中获得更多国际合作的机遇，在更大的范围内提升学术研究水平，始终走在世界学术研究的最前沿。

我坚信故宫研究院一定能够无愧于国内外学术研究机构和博物馆界同行的期待，开启故宫文化遗产保护与故宫博物院建设的历史新篇章。

在故宫学院成立典礼上的讲话

（2013年11月4日）

在故宫博物院建院88周年之际，我们在这里共同见证故宫学院的成立。今天，故宫博物院正在努力建设成为国际一流博物馆，在国务院的高度重视和关心之下，“平安故宫”工程获得批准，今年正式进入实施第一年。“平安故宫”工程的目标是在2020年，即紫禁城建成600年之时，基本实现故宫博物院进入安全稳定的健康状态，全面提升管理和服务水平，迈进世界一流博物馆行列。我一直在思考，建设一座一流的博物馆，要硬件和软件两个方面齐头并进，但归根到底，各项事业发展的关键在于人才。

故宫博物院目前面临在职员工新老交替的重要时期，强化员工培训是一项紧迫而又非常必要的事情，直接关系到人才的培养和人员素质的提升，同时也是为各项工作保驾护航的先决条件。故宫学院是一个业务培训和教育机构，她的成立就是要立足于服务故宫博物院，健全员工培训体系，探索适应博物馆人员特点的培训模式与机制。今天故宫学院满文初级培训班开班，就是着力培养满文人才的良好开端，办班的消息传出，报名人数突破招生人数一倍多，表明在员工中有着强烈的学习愿望。

故宫博物院拥有独一无二的文物资源和专家资源，具有全国乃至国际领先的科研队伍、科研设施及研究水平，在文物博物馆界具有广泛的影响力。社会各界对于优势文化资源的共享有着强烈的呼声和现实的需要。故宫学院的成立，就是要努力承担起行业人才培训基地的作用，今年国际博物馆培训中心的首届培训班举办，来自16个国家的博物馆同人成为同学，就是这方面的努力。同时借助故宫学院的教学工作，让更多的故宫专家获得更广阔的施展平台，让年轻一代的故宫学者稳步成长并迈向世界。

博物馆是国家展现文化遗产的场所，存在的意义是与公众分享共同的知识、有形和无形文化遗产，并鼓励吸纳公众参与文化传播和交流。今天，博物馆应该从“馆舍天地”走向“大千世界”，成为开启公众智慧的钥匙，成为社会教育的积极力量。故宫学院的成立，就是要搭建起公众文化传播的平台，走进高等院校和中小学课程，提高公众对文化遗产的认知水平、鉴赏水平和审美能力，弘扬中国传统文化的精髓，传递文化遗产保护的正确理念。与此同时，故宫博物院的公众服务也将更加完善。

可以说，故宫博物院各项事业的发展需要故宫学院的努力，我国文化遗产的保护传承需要故宫学院的努力，中国传统文化的有效传播需要故宫学院的努力。今天，故宫学院的成立得到了北京市东城区政府高瞻远瞩的精诚合作，得到了国家文物局和全国文物博物馆同人满腔热情的帮扶支持，得到了关注故宫文化传播社会大众的热切期盼。面对未来，故宫学院一定会不辱使命，不懈努力，发挥出独具的作用。对此，我们充满信心！

在故宫学院满文初级培训班开班仪式上的讲话

（2013 年 11 月 4 日）

故宫学院满文初级培训班开班仪式（2013 年 11 月 10 日）

欢迎各位同人参加由故宫学院主办的满文初级培训班。故宫学院是故宫博物院于 2013 年 11 月 4 日成立的业务培训和教育机构，旨在加强文物博物馆人才队伍建设、完善社会服务和公众教育功能。故宫学院将根据我国博物馆和文化遗产保护事业发展的最新形势和需要，围绕故宫博物院整体事业的发展，面向自身、面向行业、面向全国、面向世界，开展多层次、多渠道、多形式的培训项目，为博物馆发展提供专业人才支持，践行博物馆融入民众、服务社会的使命。

故宫学院“满文初级培训班”自在故宫博物院内网公布招生信息、接受报名以来，短短一周内，共有83位学员踊跃报名，涉及全院20个部处，其中将近60%的学员来自业务部门。学员的参与热情极高，即使在报名截止后，仍有同人不时地打电话询问能否继续报名，是否得以录取，并再次表达期望参加培训班的愿望。可以感到，故宫博物院有一大批员工热切地盼望学到新知识、新技能，并有意识地将所学运用于实际工作之中。

满文是清代官方通行的、沿用近三百年的文字。学习满文，读懂满文档案，就掌握了清史研究的一把钥匙，打开了探寻宫廷历史文化的途径，对于近代史、清代文物与遗存的研究都大有裨益。但是，一门语言的学习并不是一朝一夕的事情，更何况满文在现代社会早已不是用来相互交流的媒介。要学会、学好、学扎实，必须从基础的语音、词法、语法、文法等开始从头学起，循序渐进，逐步入门，进而熟练。

老师和学员们都利用工作之外的时间来教授和学习，实属不易。希望学员们知难而上、持之以恒、学以致用，相信通过老师辛勤的讲授和你们的努力，将所学应用于实际工作和研究过程中是指日可待的，也期望在结业的那一天看到你们坚持所得的成果，祝愿你们取得更大的成绩。

在故宫研究院考古研究所工作会议上的讲话

（2013 年 12 月 17 日）

故宫研究院成立大会

在世界范围内，考古学研究一直是综合博物馆的主要学科内容。几十年来，为完善相关学科建设、追踪学术发展方向，故宫博物院根据自身研究能力与文物藏品特点，各考古研究机构合作，有选择性地参加了一些考古发掘工作，有力地推动了专业化功能和社会化职能的发挥。

在认识考古学研究成果对于故宫博物院发展的意义方面，张忠培先生的一段话使我很受启发，他指出参加考古发掘工作并且把最新考古成果引入故宫，“表明故宫博物院开始走出昔日皇宫的院墙，关注早期瓷器史的研究、关注考古学的最新成果、追踪学术发展方向的决心，对故宫博物院的学术发展有较大的意义”。也正因为如此，我积极呼吁在故宫博物院内组建考古研究所。随后考古研究所成为故宫研究院的重要组成，展现出令人期待的发展前景。

关于故宫研究院考古研究所的优势，我想至少有三个方面。一是文物藏品优势。故宫博物院所保管的考古文物藏品数量，绝对比平常人所了解的多得多。我们经常说故宫博物院的文物藏品主要是清宫旧藏，这是事实，但是清宫旧藏并不意味着是清代文物藏品，实际上历代帝王往往热衷于前代、古代，甚至是远古时代古物的收藏和观赏。这样皇宫内自然就收藏有大量出土文物。再有就是故宫博物院成立以后，特别是各地考古研究单位普遍成立之前，中央政府不断将各地出土的考古文物藏品调拨至故宫博物院保管，所以故宫博物院的文物藏品中有数量众多的考古资料。还有就是故宫博物院的前辈学者和现职专家积极参与各地的考古研究活动，例如对于古代瓷窑遗址的调研和标本汇集，经过几代人的努力，故宫博物院成为国内拥有陶片、瓷片珍贵标本资料最多的博物馆，也使故宫博物院承担起国家古陶瓷研究基地的职能。二是人才优势。故宫博物院拥有张忠培先生这样的中国考古界的著名专家，拥有李季先生这样具有广泛人脉的中国考古学会现任领导，拥有杨晶老师、王光尧老师、王瑞老师等活跃在考古工作一线的专家。今后还会不断有考古学家加入我们的团队，这是考古研究所发展的重要保障。三是故宫博物院所拥有的强大影响力和文化传播力。故宫博物院与很多世界著名博物馆和考古研究机构保持着广泛的学术联系和良好的合作基础。故宫研究院考古研究所的成立得到同行们的广泛关注，纷纷表达加强合作的意愿。

关于故宫研究院考古研究所的工作定位，作为世界著名博物馆，故宫博物院的各项事业都应有较高的定位，考古研究所同样如此，应该开展与自身特色相一致的工作。故宫研究院考古研究所隶属国家文化机构，不像省、市考古研究单位那样拥有相对固定的工作区域和“势力范围”。也正因为如此，由于没有地域归属和范围局限，也可以成为一种优势，就是体制灵活，机动性强。我非常赞成李季先生的观点，考古研究所“不求所有，但求所用，发挥杠杆的作用，撬动相关方面的工作，促进事业的发展”的观点。

刚才张忠培先生为考古研究所的研究方向进行了定位。一是加强宫廷文化遗址的研究和相关工作，二是加强帝王陵寝遗址方面的研究，三是加强对于故宫出土文物藏品资源的深入研究，深入挖掘和揭示这些院藏文物的文化内涵。例如故宫博物院的文物藏品中有16万件青铜器，包括一些商周时期的铜器，它们出土于不同地区，因此有丰富的类型。故宫博物院收藏有3.2万件玉石器，汇集了中华五千年文明的实物资料，包括“良渚文化”“红山文化”“凌家滩文化”等重要出土文物，在故宫博物院的文物藏品中还有3.3万件铭刻，其中有大量包括甲骨在内的出土文物资料。

张忠培先生讲要“盘活”故宫博物院的文化资源，“盘活”故宫专家学者的文化研究资源，还要“盘活”社会专业研究人才资源。考古研究所可以通过引进、返聘等形式，使具有真才实学的专家学者参与到考古研究所的课题研究中，在保证学术质量的前提下，争取多出研究成果。同时应该发挥故宫博物院的学术优势，积极开展战略研究，引领科学研究方向，为全国文物考古工作出谋划策，为文物行政部门领导全国文物工作发挥参谋助手作用。

关于当前可以开展的工作，可以包括以下方面。

一是开展大型古代遗址考古研究。结合当前大遗址保护和考古遗址公园建设，与西安、洛阳、开封、杭州、南京和北京等地文物考古机构合作，开展大型都城遗址和历代帝王陵寝群的考古研究工作。

二是开展圆明园遗址的考古研究。历史上紫禁城与圆明园之间有着密切关联。对于圆明园遗址来说，无论是山形水系的维护和整治，还是考古遗址的保护和展示，都应该建立在科学考古调查和研究的基础上。加强考古遗址保护研究，可以避免盲目的复建行为，避免随意在考古遗址上添加人工雕凿的内容，从而避免圆明园遗址真实性受到伤害，实现圆明园国家考古遗址公园的建设目标。同样海淀区三山五园区域、承德避暑山庄等，也与故宫文化有着历史渊源，两处管理部门也都表达出与故宫博物院合作的愿望，应该加强联系合作。

三是开展景德镇遗址的考古研究。2006年，在景德镇市没有申报的情况下，国家文物局依照《文物保护法》的相关规定，报请国务院将御窑厂窑址公布为第六批全国重点文物保护单位。近年来，景德镇御窑遗址保护受到关注。故宫博物院也参与了景德镇御窑遗址的联合考古发掘工作，得以深入了解御窑遗址的考古出土标本，自身田野工作能力也得以提高。这项工作应该始终持续开展下去，从而更好地与故宫博物院收藏的明清御窑瓷器进行深入对比研究。同时，正在合作开展的浙江德清原始青瓷窑址考古发掘、湖北丹江口市庞湾琉璃窑址考古等，特别是对于全国各地古代瓷窑遗址的调研和标本汇集，均应持续开展。

在故宫博物院文物保护综合业务用房工程启动仪式上的讲话

（2013 年 12 月 24 日）

故宫博物院文物保护综合业务用房工程启动仪式

今天在这里举行“故宫博物院文物保护综合业务用房工程启动仪式”，这是故宫博物院贯彻落实《故宫保护总体规划大纲》，全面推动“平安故宫”工程实施的极其重要的一步。

“平安故宫”工程自 2012 年 5 月提出以来，受到国务院、各部委以及文化部和国家文物局的重视和支持。故宫博物院文物保护综合业务用房工程项目完成后，将腾退和保护以往被占用的文物古建筑，同时改善文物研究、修复、保护的条件，整合文物修复流程，也能够实现对西河沿区域环境的彻底整治，消除安全隐患，为“平安故宫”工程的顺利实施奠定基础。

这项工程项目位于故宫西河沿区域，它北临城隍庙，南临中国第一历史档案馆，西临故宫城墙，东临寿康宫、寿安宫西红墙，呈长方形状，占地面积约 19675 平方米。经过两次考古发掘、多次专家会议研讨论证，在多方面的共同努力下，取得了文化部、国家文物局、北京市文物局、北京市规划委员会、联合国教科文组织世界遗产委员会等部门批准。计划于 2016 年 3 月竣工。

故宫博物院文物保护综合业务用房工程的启动，标志着“平安故宫”工程进入了一个新的发展阶段。为确保工程顺利推进，故宫博物院将继续坚守和弘扬“坚韧不拔、锲而不舍、一丝不苟、默默奉献”的精神，保护和传承好故宫文化遗产，从而实现把壮美的紫禁城完整地交给下一个 600 年的目标。

关于故宫博物院"两院""两基地"建设的思考①

（2013年12月26日）

经过近90年的发展，故宫博物院已经发展成为世界著名的博物馆之一。今天这里不但拥有世界上规模最大、保存最完整的古代宫殿建筑群，拥有世界上收藏数量最多、价值最高的中国历代文物，拥有世界上数量最多，文化多元的观众群体。国务院在批准"平安故宫"工程时，强调要把故宫博物院建设成为"世界一流博物馆"。近日中央电视台通过了《世界五大博物馆馆长专访》的选题，将故宫博物院列为世界五大博物馆的第一个报道对象。那么，故宫博物院距离"世界一流博物馆"还有多远？作为"世界五大博物馆"与其他博物馆相比还有哪些不足？这些问题需要认真加以思考。故宫博物院应该成为中华文化的脊梁，应该成为中华文明的高地，因此必须树立更加崇高的目标，拥有更加长远的志向，开拓更加宏阔的空间。

今天，我国正在面临博物馆事业发展的重要时期，每年都有200座以上的博物馆建成开放。对于大多数博物馆来说，都在努力创造更加宽松的生存条件。这些条件往往包括馆舍、藏品、观众、资金等方面。首先是馆舍，很多博物馆把馆舍规模放在首位，脱离实际需要，追求越大越好，甚至出现博物馆之间竞相攀比。其

① 在故宫博物院年终总结会议上的讲话，2013年12月26日。

次是藏品，面对巨大的馆舍，空旷的展厅，一些博物馆饥不择食地征集藏品或接受捐赠，以藏品数量取胜，而忽视更为重要的藏品质量。再次是观众，一些博物馆因展览缺乏吸引力而门可罗雀，另一些博物馆因兼具旅游景点而“人满为患”，博物馆自身却缺少明智而清晰的调控原则。最后是资金，一些博物馆由于财政支撑不足而放弃应有的发展计划，甚至以维持生存为由追求经济利益而放弃文化责任。这些均是前进中的问题，需要在继续前行中加以解决。今天每一座博物馆均应从整体的角度加以自身定位，及时明确未来发展的方向。

对于故宫博物院来说，就所拥有的馆舍用地与建筑规模方面，所拥有的藏品数量和文物价值方面，所拥有的观众数量和多样构成方面，所拥有的综合实力和经济能力方面，与世界一流博物馆相比都毫不逊色，在某些方面甚至略胜一筹。但是作为世界一流博物馆，不能仅着眼于此，需要关注更加具有前瞻性的发展目标。归纳起来包括四个方面：一是需要拥有与时俱进的发展理念和前沿知识，二是需要拥有不断会聚的专家学者和专业人才，三是需要拥有引领发展的学术水准和科研成果，四是需要拥有功能强大的传播平台和互动机制。就故宫博物院的目前状况来说，这些方面均有较大提升空间。馆舍建设、藏品征集、资金争取等可以实现“跨越”式发展，但是先进理念的育成，优秀人才的会聚，科研水准的支撑，传播平台的构建，则需要较长时期的积累和营造。

为此，提出“两院”“两基地”发展设想，这些均是根据故宫博物院现实条件和迫切需求，发挥特有文化资源优势，面对未来可持续发展诉求，能够采取的具有针对性的行动。

一、故宫研究院

经过近90年来几代故宫学人的艰苦努力，故宫博物院的学术研究水平始终保持业内领先地位，在国内外博物馆界拥有崇高信誉，著名专家学者层出不穷，高质量的学术成果不断涌现，为故宫博物院的业务人员培养，以及学术研究推进打下了坚实的基础，在故宫博物院初步形成覆盖全面、专业突出和梯次完备的学术团队。故宫研究院的成立，既是故宫博物院长期以来学术积累的结果，同时也是故宫事业发展的迫切需要。今年4月，“平安故宫”工程获得国务院批准，而各项目标的顺利实施则需要科学研究的支撑，依赖于高质量的研究水平和研究成果加以保障。因此，故宫研究院的研究任务在一定程度上不同于一般意义的学术研究，它的研究成果可以直接转化为故宫文化遗产保护的实际措施，可以直接为故宫博物院的藏品研究、科技保护、陈列展览、服务观众、文化传播等项工作的开展提供科学支撑。

故宫研究院是一个令人尊敬的学术研究机构，将呈现出独立的学术精神和包容的学术思想，真正成为专家学者的学术园地，扎扎实实为故宫文化遗产保护与故宫博物院发展，贡献出独具的力量。故宫研究院尝试机构建设去行政化，不设所谓局级、处级等级别，由故宫博物院老院长张忠培先生、郑欣淼先生分别出任故宫研究院名誉院长与院长，由退休但年富力强的著名专家学者担任学术带头人，形成配套队伍和学术梯队，在业内起到引领作用。为推进故宫博物院人才队伍的建设，提升故宫博物院在国内外的学术地位和社会影响，今年7月获准成立故宫博物院博士后科研工作站，这是我国首次在文物博物馆系统设立博士后工作站，具有开拓意义。此举不仅能促进故宫博物院的文物保护及其学术研究的深入发展，也必将为今后文物博物馆系统科研人才的培养提供借鉴，引领我国博物馆学术研究的发展。

故宫研究院以开放的学术胸襟，创新的体制机制，灵活可行的人事制度，以学术影响力为本，吸纳国内外学术界热心于故宫学术研究的人才，与故宫博物院内的专家学者共同构建开放性高端学术研究平台。故宫研究院将通过引进、返聘等形式，使故宫博物院外具有真才实学的专家学者能够参与到课题研究之中，以弥补故宫博物院学术研究力量之不足。充分挖掘故宫学术资源，使故宫研究院真正成为专家学者的学术园地，发挥聚合优势，集结覆盖全面、专业突出和梯队完备的学术团队，在保证学术质量的前提下，争取多出研究成果。故宫研究院力争在三至五年的时间内，逐步形成具有一定规模的学术力量，初步建立起具有理论体系的学术机构。同时，发挥故宫研究院的学术优势，积极开展战略研究，引领科学研究方向，为全国文物博物馆发展出谋划策，为文物行政部门领导全国文物工作发挥参谋助手作用。

故宫研究院考古所第一次工作会

故宫研究院将深入开展对于明清宫廷文化和院藏文物、档案的研究，组织实施一批国家级、省部级和故宫博物院的重大科研课题项目，搭建两岸故宫的学术研究合作平台，在国内外积极开展博物馆馆际之间学术合作与交流，与著名高等院校、科研院所保持密切的合作关系和学术联系，加深与不同学术领域的联系，使社会各界关注故宫学术发展，不断培植新生的学术力量，以此全面带动学术研究、展览和出版等工作的持续发展，努力成为文物博物馆界学术研究的重要力量，使故宫博物院的综合研究能力走在国内的前列。故宫研究院需要引入国际视野，结合相关学科领域的知识与内容，预测可能的发展途径，进行综合对策研究，努力以新的观念研究新的发展，对提高故宫博物院的科学水平有所启发，探索出解决问题的办法，做出有价值的贡献，并使故宫研究院的创新研究成果为世界所了解，所接受。

作为故宫研究院的近期工作目标，一是完善机构建设、建立人才梯队。进一步完善相关的科研规章制度和机构建设，统一整合现有的学术机构，承接国家级科研项目，开展对外合作。二是奠定学术基础、做好资料工作。建立专业资料和学术档案，汇集国内外的文献资料，理清相关学科的发展历史，掌握学术前沿的基本动态和最新科研成果，及时发布学术研究新成果。三是完成学术布局、均衡科研力量。完成故宫博物院科研学术的总体布局，制定近期和中长期科研规划。既保持传统优势，又站在世界发展高度，全面推进主要学科和新型学科的学术发展。四是实施国家项目、开拓院外合作。努力增加国家级和省部级科研项目，以此为龙头，整合学术力量，全面提升学术研究水平。积极寻求与国内外博物馆和科研院所的合作项目，取长补短，建立对外学术交流合作的总体平台。

故宫研究院的成立，将开启一批新的科研课题，例如故宫博物院的文物藏品中有 16 万件青铜器，包括一些商周时期的铜器，它们出土于不同地区，因此有丰富的类型。故宫博物院收藏有 3.2 万件玉石器，汇集了中华五千年文明的实物资料，包括“良渚文化”“红山文化”“凌家滩文化”等重要出土文物，在故宫博物院的文物藏品中还有 3.3 万件铭刻，其中有大量包括甲骨文在内的出土文物资料。故宫博物院甲骨文的收藏量居世界第三位，虽然曾对其中 4700 余片甲骨文进行了建档编号，但是仅为所收藏数量中很小的一部分。古文献研究所成立后，将借助科研力量对深藏故宫博物院库房的 22463 片甲骨文展开整理研究，通过公开出版破译这些古老文字。

在世界范围内，考古学研究一直是综合博物馆的主要学科内容。为完善相关学科建设、追踪学术发展方向，考古研究所将根据自身研究能力和文物藏品特点，与各考古研究机构合作，有选择性地参加了一些考古发掘工作，有力地推动了专业化功能和社会化职能的发挥。故宫研究院考古研究所隶属国家文化机构，不像省、市考古研究单位那样拥有相对固定的工作区域和“势力范围”。正因为如此，由于没有地域归属和范围局限，也可以成为一种优势，就是体制灵活，机动性强，发挥杠杆的作用，撬动相关方面的工作，促进事业的发展。作为考古研究所的研究方向，一是加强宫廷文化遗址的研究和相关工作，二是加强帝王陵寝遗址方面的研究，三是加强对于故宫出土文物藏品资源的深入研究，深入挖掘和揭示这些院藏文物的文化内涵。

故宫研究院的成立受到了国内外文物博物馆界的高度关注，一些世界著名博物馆馆长纷纷来信表示热烈祝贺。美国大都会艺术博物馆康柏堂馆长表示：“我为故宫博物院成立研究院的远见和分享藏品与资源的胸襟鼓掌。这项创举将使现在和未来研究中国艺术的学者受惠无穷。我期待与贵院合作提升研究活动，实践文化交流，加强学术合作，这样我们将与全世界分享中国独特的文化遗产。”英国大英博物馆尼尔·麦葛瑞格馆长在来信中说：“成立故宫研究院再一次展示了故宫博物院作为中国学术界以及博物馆实践领域领头人在世界上的重要地位。研究院的学术成果无疑将在世界上那些重视中国文化研究和期盼展示中国文化的角落获得积极反响。”故宫研究院的成立，为国内外专家学者开展合作性课题研究提供开放平台，让世界各地的知名专家学者源源不断地走进故宫，让博大精深的故宫文化满怀自信地走向世界，让故宫博物院的业务人员从中获得更多国际合作的机遇，在更大的范围内提升学术研究水平，始终走在世界学术研究的最前沿。

二、故宫学院

最近有人写文章讲，人才培养方式的发展变化经历了三个阶段，即：从农业社会师傅带徒弟的“师承制”，到工业社会的“文凭制”，以及现代社会的“证书制”。如果结合故宫博物院人才需求和发展需要特点看，实际上是“师承制、文凭制、证书制”这三种人才培养机制并存，上述三种培养机制相辅相成，缺一不可。第一种方式通过师傅带徒弟，培养一些技术能手、能工巧匠，传承抢救濒临失传的特殊制作工艺，例如彩画绘制、书画装裱等，在目前古建筑维修工作中也显得十分紧迫。第二种方式即文凭制，我们鼓励故宫博物院的员工参加正规化的学历教育，也积极支持有关高等学院为故宫博物院培养接受正规学历教育的专门人才。第三种方式即证书制，资格认定、持证上岗，这在西方国家已较为普遍，一个人有数个岗位证书已不在少数，而我国的文物博物馆行业除了考古领队资格工作一直做得比较规范之外，实行资格认定工作还仅仅是一个开始，还有大量工作需要抓紧开展。

中国侨联首届海外侨领国情研修班

故宫学院是一所业务培训和教育机构，也是国内首家以博物馆办学的模式成立的“学院”。故宫学院响应我国博物馆事业和文化遗产保护的最新形势和发展需要，围绕故宫博物院整体事业的发展，面向自身、面向行业、面向社会、面向世界，开展多层次、多渠道、多形式的培训项目与教育活动，为文物博物馆发展提供专业人才支持，践行博物馆公众教育和社会服务的使命。故宫学院教学领域涉及文物修复与保护、古建筑保护、博物馆实务、宫廷历史文化、文物鉴定等方面，兼顾知识与技能、理论与实践。学院的师资将以故宫博物院研究人员和具有资深实践经验的专家学者为基础，并广泛吸纳国内外教育力量。故宫学院不以营利为目的，所有的活动均基于非营利性的特点。依照培训的性质和对象，分为专业培训类与公益服务类。在管理模式上借鉴国际上通行的院务委员会制度，由故宫博物院和东城区政府及有关部门组成，是故宫学院各项重要工作的议事、咨询、决策和监督机构。

在面向自身方面，事业的发展，关键在于人。故宫博物院员工队伍素质的高低，直接关系到事业的兴衰成败。故宫博物院目前面临在职员工新老交替的重要时期，强化员工培训是一项紧迫而又非常必要的任务，直接关系到人才的培养和人员素质的提升，同时也是为各项工作保驾护航的先决条件。努力建设一支结构合理、素质优良的员工队伍，是故宫博物院在当前大发展的形势下面临的一项艰巨的任务。加快人才培养需要建立多层次、多渠道的教育工作格局，加强在职员工的培训，需要建立岗位培训与任职资格挂钩的机制，重点培养一批适应故宫博物院事业发展要求的高层次人才。故

海峡两岸人才养成计划新闻发布会

宫学院是一个业务培训和教育机构，要立足于服务故宫博物院发展，健全员工培训体系，探索适应博物馆人员特点的培训模式与机制。例如故宫学院满文初级培训班开班，就是着力培养满文人才的举措，办班的消息传出，报名人数突破招生人数一倍之多，表明在故宫博物院员工中有着强烈的学习愿望。

在面向行业方面，如果说现阶段世界各博物馆之间的竞争，首先是规模的竞争，那么今后世界各博物馆之间的竞争，必然是人才和影响力的竞争。“治国之道，务在举贤”。故宫博物院拥有独一无二的文物资源和专家资源，具有全国乃至国际领先的科研队伍、科研设施及研究水平，在文物博物馆界具有广泛的影响。社会各界对于优势文化资源的共享有着强烈的呼声和现实的需要。故宫学院作为国内首家博物馆举办的教育学院，就要努力承担起文物博物馆行业人才培训基地的作用，充分利用故宫博物院丰富的文化资源和专家资源，形成鲜明的办学理念和先进的管理体制，探索适应文物博物馆特点的人才培训模式与机制，以开放式的平台，逐步建立规范化、多样化的培训方式，为文物博物馆领域培养更多的专业人才，成为为故宫博物院和文物博物馆界输送人才的重要基地，为博物馆建设和文化遗产保护做出贡献。同时，借助故宫学院的教学工作，让更多的故宫专家获得更广阔的施展平台，让年轻一代故宫学者得以稳步成长。

在面向社会方面，成立故宫学院是故宫博物院与东城区政府合作，将博物馆教育融入学校教育和社区文化建设的一次尝试。故宫学院是面向公众进行社会教育与文化传播的重要机构。其中“故宫讲坛”是传播故宫文化和中国传统文化的平台，发挥博物馆文明对话的职能，让更多故宫专家走上讲坛，以亲近、通俗的话语向社会公众传递文物建筑、文物研究与文物鉴赏等诸多领域的知识。以文物鉴赏为例，着重于梳理阐释文物的历史、艺术及科学价值，引导听众关注文物背后的历史文化和文明演进。每月固定两期的公益讲座吸引了广大听众，让人们领悟到学术的神圣，体会到故宫文化的魅力。故宫学院不断邀请在专业领域卓有建树的专家学者与公众面对面交流，更好地服务社会、启发民智，分享历史文化、文物古建、传统技艺传承、文化遗产保护等方面的知识和他们的研究成果。通过文物知识的普及教育，在广大民众心目中牢固树立文物博物馆应有的尊严，让广大民众掌握文物保护的一般常识，着力加快文物专业知识的大众化步伐。

故宫博物院端门数字博物馆

在面向世界方面，国际博物馆协会国际博物馆培训中心于 2013 年 7 月 1 日在故宫博物院成立，相关科研及培训工作随即开启。这是国际博物馆协会、国际博物馆协会中国国家委员会和故宫博物院合作建立的博物馆专业培训机构，也是全球唯一的国际博物馆培训中心。首次培训班以“多元与变革世界中的博物馆管理最佳实践”

为主题，面向国内外博物馆招收来自16个国家的30余名学员，其中国际学员以发展中国家博物馆中层以上管理人员为主，同时也邀请了来自欧洲、非洲和拉丁美洲的学员。授课教师除两名中国专家外，还包括来自日本、瑞士、德国、南非、荷兰博物馆领域的资深专家。第一期培训班课程涵盖博物馆学理论、博物馆展览理论与实践、博物馆职业伦理道德、博物馆管理、博物馆战略计划及博物馆合作等多方面内容。希望通过专家授课、研讨座谈、参观交流等活动，促进不同地区博物馆行业间的经验与文化交流，提升学员综合业务素质，扩展学员国际视野。

三、中国古代建筑保护传承国家基地

在紫禁城近600年的营建、修缮过程中，官式建筑营造技艺起着至关重要的作用，并随着紫禁城的壮美呈现逐步走向成熟与辉煌。官式建筑营造技艺不仅能够使紫禁城在最大程度上保持历史原貌，更能够通过历次的修缮保护，赋予其更为丰富的人文内涵和时代精神。故宫博物院的官式建筑营造技艺是在民间营造技艺的基础上形成的一套完整的、具有严格形制的宫殿建筑营造技艺，从材料到做法，都严格遵循营造则例，使之流传有序，技艺精湛，并对中国文物建筑保护理论与实践科学的发展产生重要影响，成为珍贵的非物质文化遗产。但是，近年来传统的古代建筑修缮制度在现代化的冲击下出现断裂，官式建筑营造技艺传承环境发生变化，各个传统工种日渐退化而出现传承危机，成为制约官式建筑营造技艺传承延续的重大问题。

故宫博物院作为官式建筑营造技艺的传承代表，多年来做了许多基础工作和有益尝试。2005年12月和2007年11月，故宫博物院修缮技艺部的前身，古建修缮中心先后组织了传统的拜师仪式，旨在恢复官式建筑营造技艺传统的师徒传承方式，使身怀绝技的工匠能够将精湛技艺传承下去。2012 年故宫博物院的李永革、刘增玉先生被授予“国家级非物质文化遗产项目‘官式古建筑营造技艺’代表性传承人”。故宫博物院作为“官式古建筑营造技艺”的传承机构，不仅关注文物建筑的保护工作、传统技艺的传承工作，更致力于传承体制的建立与开拓工作。

故宫官式古建筑营造技艺传承人考评

最近，国家文物局经过专家论证，同意在故宫博物院设立明清官式建筑保护研究国家文物局重点科研基地。我认为这是非常正确的决定。紫禁城作为世界上规模最大、保存最完整的木结构宫殿建筑群，是明清建筑营造技艺的集大成者，是中华民族建筑艺术的杰出代表，也是全人类的珍贵文化遗产，设立于紫禁城内的故宫博物院，有义务和能力承担起明清官式建筑保护研究重点科研基地的重任，并应将此看作是一个新的起点，将“古建筑修缮工程”真正上升为“古建筑保护研究”，努力将这一重点科研基地建设成为在国际上具有一定影响力的中国古代建筑保护传承国家基地，彻底改变中国文物建筑保护理论在国际领域缺少话语权的状况，承担起故宫博物院应尽的中国责任、世界责任。

今天，应该建立具有中国特色的文物建筑保护理论与实践科学。早在 1992 年，在中国召开的全国文物建筑保护维修理论研讨会上，就有专家提出这一问题。进入新的世纪以来，国际文物建筑保护的实践经验不断产生，理论研究成果不断涌现。但是，我国在这一领域着眼于自身特点的理论研究明显不够，这与我国作为文化遗产大国的客观地位极不相称，也与中华文明在世界文明中所具有的独特地位不相符合。长期以来由于理论创新不足，致使我国在国际文物建筑保护领域，缺少应有的“话语权”，实践经验也在一定程度上得不到国际同行的理解和认可。虽然我们对在欧洲文化背景下产生的《威尼斯宪章》等保持着应有的尊重，但是必须结合我国文物建筑保护实际进行理论探索，并在正确理论指导下开展实践，才能建立起具有中国特色的文物建筑保护理论与实践科学。

具有中国特色的文物建筑保护理论与实践科学，认为古建筑的价值在于历史的原貌，古建筑保养维修目的是延年益寿，要避免维修对古建筑造成破坏。官式建筑保护研究需要理论与实践并行，一方面继续发挥官式建筑营造技艺在故宫古建筑保护修缮过程中至关重要的作用，另一方面完成官式建筑营造技艺传承培训。随着“平安故宫工程”的开展以及故宫整体保护修缮工作的深入与完善，故宫古建筑的维修保护工作面临着更大的挑战与机遇，越来越多从事古建筑维修保护的专业人员、队伍参与到故宫古建筑的维修保护中，使得修缮队伍日趋庞大。大量修缮保护工程既让工匠们有了施展技艺的平台，同时也使他们在修缮过程中得以传授技艺。为满足故宫博物院内古建筑保护修缮从业人员的教育、交流、培训及对传统修缮技艺的学习需求，提升故宫博物院在技艺传承和文化宣传方面的水平，故宫博物院修缮技艺部将分别开展以古建筑营造技艺木作、瓦作、油作、彩画作为主题的培训，以培养更多适应故宫古建筑维修特点的专业技术人才，使官式建筑营造技艺制度化、规范化、务实化，明确修缮工作的使命，确保古建筑修缮质量，推动故宫古建筑保护修缮和技艺传承事业的发展。

今天，不注重理论与实践的研究与积累，既难以满足故宫古建筑群保护本身的需要，也难以对相关领域的进步做出义不容辞的贡献。在故宫博物院设立明清官式建筑保护研究国家文物局重点科研基地，进而建设中国古代建筑保护传承国家基地，有现实合理性和历史必然性。我们不但拥有世界最大规模的官式木结构古建筑群，而且拥有数百年故宫古建筑保护修缮的丰富经验，特别是面临国务院批准的故宫整体修缮工程的实践机遇，这些是故宫博物院得天独厚的优势，也是我们不能回避的历史责任。目前故宫整体修缮工程已经走过了11年的历程，按计划将在2020年竣工。今后7年，我们应以怎样的正确理念推动此项工程开展，问题十分具体，也十分现实，必须对此做出回答。

我们要有实际行动，一是建议在故宫研究院成立古建筑研究所，深入开展古建筑保护理论和实践研究。二是系统整理紫禁城古建筑保护历史文献，包括正在进行的编纂《宫廷建筑大事史料长编》工作，在编纂《明代宫廷建筑大事史料长编》的基础上，启动《清代宫廷建筑大事史料长编》的编纂工作。三是对故宫整体修缮工程进行研究，及时编辑整理出版各项古建筑修缮报告和工程实录。四是建设古建筑修缮技艺传承基地，部分恢复“造办处”功能。目前修缮技艺部所在地是原内务府造办处，清代造办体系分为两个机构，一个是专供宫中用度的“养心殿造办处”，另一个是设于内务府北侧的“内务府造办处”，又称“匠作处”。据记载造办处在最鼎盛时，下设 24 个作坊，每个作坊都荟萃全国各地的能工巧匠。这些能工巧匠囊括了朝廷几乎日常生活中的各个方面，当时民间把这个造办处叫做“百工坊”。今天，将修缮技艺部“造办处”定位于开放式的官式古建筑技艺传承平台。五是在东华门建设古建筑馆，在故宫博物院 90 年院庆前对外开放。同时在銮仪卫库房区域建设室外古建筑石构件仓储式展示区。六是在故宫博物院北院区建设宫廷园艺研究中心，争取明年局部对外开放。

四、中国文物藏品科技保护国家基地

近年来，国家文物局开展了全国馆藏文物腐蚀损失专项调查，这是中华人民共和国成立以来针对国有文物收藏单位，首次进行的此类科学技术基础专项调查。历时三年时间，对全国各地 2803 家国有文物收藏单位的 1470 余万件（组）馆藏文物进行调查，基本掌握了我国国有馆藏文物的现状。调查结果表明，文物腐蚀损失状况相当严重。根据调查统计分析，目前全国共有 50.66% 的馆藏文物存在不同程度的腐蚀损害。今天，如果博物馆业务人员在工作中不慎打碎一件珍贵瓷器，将是重大的文物损坏事件，但是大量珍贵文物藏品在无声无息中走向损毁，却始终未能引起足够重视。面对如此严重的文物腐蚀损失状况，用于博物馆藏品保护的经费却仅占博物馆业务经费的 5%。

目前，应用科学技术实施文物科技保护也存在一些突出问题，一方面，科学技术意识有待提高，在文物的调查、发掘、保护、研究、展示和传播中，存在忽视合理运用科学技术的倾向，甚至认为文物保护不是一门学科，而仅是一种业务技术工作。因此，存在科学研究基础设施不完善、运行机制和管理体制不适应等体制性和机制性障碍，使大量实用技术停留在一般性应用层面，而高新技术的引进和利用显然不足，导致文物保护科学技术的发展难以适应文物保护事业的需求，更缺少能够承担中国文物藏品科技保护的国家基地。

我国应该拥有强大的中国文物藏品科技保护国家基地。在我国的博物馆和文物收藏机构中保存有数以千万计的中国文物藏品，还有数量更为巨大的中国文物收藏在民间，也有数以百万计的中国文物藏品收藏在世界各地的博物馆，因此，中国文物藏品科技保护和修复的巨大需求客观存在。故宫博物院应该勇于承担建立世界一流的中国文物藏品科技保护国家基地的责任。通过今年年初对于故宫博物院文物库房，特别是地面库房的系统调研，更加坚定了建设中国文物藏品科技保护国家基地的决心。故宫博物院所拥有的 180 余万件文物藏品中，上百万件需要进行修复和采取预防性保护措施。针对大量院藏文物濒临腐蚀、锈蚀等严重自然损坏状况，亟须建立大型、综合性的文物藏品修复平台，以现代科技与传统技艺、院内人才与社会力量相结合，对文物藏品进行全面和持续不断的抢救性和预防性的科技保护。

在建设中国文物藏品科技保护国家基地方面，也需要有实实在在的行动。目前，西河沿文物保护综合业务用房已经开工建设，建设规模为 13000 平方米，建成以后文物科技保护人员的工作条件和精密科研仪器设备的工作环境，将得到有效改善。在为期两年的工程建设过程中，同时加紧策划建立各种类别的文物藏品修复工作室，购置更新必要的先进仪器设备、珍贵的文物保护材料，强化科技保护人员培养，分轻重缓急做好文物藏品保护修复计划，使西河沿文物保护综合业务用房竣工后及时发挥应有功能。

在故宫博物院北院区的建设方案中，规划有 20000 平方米的文物藏品科技保护设施，并配套建设 10000 平方米的临时库房。应努力建设成为世界上最具实力的中国文物藏品科技保护平台，特别是数量众多、体量较大的文物藏品，诸如明清地毯、古代家具、武备仪仗、车马轿舆、宫廷灯具、生活用具、西洋钟表、古建藏品等，都可以在这里得到系统的保护修缮。通过故宫博物院北院区的文物藏品科技保护平台建设，一批非物质遗产项目将得到有效保护，一批非物质遗产传承人的特殊技能将得到弘扬，一批濒临失传的手工技艺将得到重新振兴。

故宫博物院西河沿文物保护综合业务用房和北院区文物藏品科技保护平台的建设，共同构成中国文物藏品科技保护国家基地，将故宫博物院文物藏品科技保护水平始终站位世界一流，发挥出独特的优势，也成为扭转我国文物藏品保护状况不利的被动局面，实现文物藏品科技保护跨越式发展的重大机遇。今天，我们需要以创建中国文物藏品科技保护国家基地为目标，攻关文物藏品保护的关键技术，依托重大科研项目和课题，扩大国际学术交流合作，构建科研人才培养体系的基本框架、培养模式、运行机制，加大学科带头人的培养力度，使一批文物藏品科技保护优秀人才脱颖而出。中国文物藏品科技保护国家基地应坚持科技保护项目对社会开放，支持和鼓励国内外高等院校、科学研究机构等一切可以为中国文物藏品保护提供支持和有所贡献的力量，平等参与承担科技保护计划和项目。当前，要紧密围绕

“平安故宫”工程主要环节，将技术研发、人才培养、基地建设、装备升级、体制机制创新等五个方面进行统筹考虑，以当前文物藏品科技保护重大需求为导向，以重点解决科学技术的热点、难点和瓶颈问题为核心，积极推动科技保护工作创新。

我到故宫博物院工作之前，在国家文物局工作了将近10年，有一些令人难忘、印象深刻的经历，例如2005年国务院发布了《关于加强文化遗产保护的通知》，并设立“文化遗产日”，开始了“从‘文物保护’走向‘文化遗产保护’的战略转型。2006年国家启动大遗址保护工程，大遗址保护和大型考古遗址公园建设同步推进，使一处处昔日脏乱差且不断被蚕食的考古遗址，变为城市中美丽的文化空间。2008年国家实施博物馆向社会免费开放，使国家对于博物馆的投入成倍增加，使参观博物馆的观众成倍增长。这一系列关乎文物博物馆事业前途命运、关乎广大民众切身利益的“组合拳”，一步步打破了文物工作的封闭局面，使文化遗产保护融入国家经济社会发展大潮中，走进广大百姓日常生活里。随着文化遗产工作的不断拓展和深化，文物系统走出了只专注于文物本体保护，与普通民众日常生活脱节的工作状况，使新时期文化遗产更加拥有尊严、文化遗产事业融入经济社会发展、文化遗产保护成果惠及广大民众。

回顾这些往事，主要是想说明如果以更加开放的思维，思考故宫博物院的各项事业发展，工作状态和成效就都会发生不同凡响的变化。良好的工作状态和显著的工作成效，将令人心情愉悦，对事业发展、对团队协作、对自身能力充满信心。英国大文豪萧伯纳说：人生真正的快乐，在于把每一滴血都耗光才钻进黄土里。这或许是对工作和生命本源意义上的深刻诠释。不管我们是否意识到，工作占去了人一生中的最厚重时光。有人说：肯工作，所需的是勤劳与坚忍，肯工作又能快乐地工作，则是一种智慧。这种智慧能够使人在日常工作发现乐趣，同时使工作成为一种人生创造。从这个意义上说，视工作为生命者，工作就会成为其生命的一盏明灯，照亮他人，温暖社会，也必将照亮自己。

我想起了我的老师吴良镛教授的一句话："未来由现在开始缔造，现在从历史中走来，未来变化的方向离不开对历史进程的探寻。世界历史进程代表着人类文明发展的一种趋势和高度，把握了它，有助于人类的发展获得当代的意义。"我们回首过去，立足现在，面向未来，以期在新的时代能够更加自觉地营建世界一流的博物馆。这是时代的召唤和神圣的使命，对于这个使命，我们应该信心百倍而又十分审慎地给予期望。如何在发展道路上跨越门槛，在前进征途上战胜挑战，关系到故宫博物院未来事业发展的质量和水平，而跨越门槛，战胜挑战的核心力量是我们的文化自信。

刚才，我在讲话里提到做好故宫文化遗产保护工作，就要处理好十个方面的关系，实际上，关键还要处理好"思"与"行"的关系。

"思"与"行"，旨在以文化视野绘制故宫博物院的发展蓝图，以实干精神推动宏伟目标的逐步实现。

在"思"的方面。目前，我国正在面临社会经济的巨大变革，新旧体制的衔接与更替，东西方文化的交融与碰撞，使旧的经济秩序和价值观念逐渐解体，使新的文化理想和发展战略正在酝酿。由此可以说，我国正处在极其特殊的历史时期，面临难得的发展机遇。中华民族必须抓住这一历史机遇，实现伟大复兴。故宫博物院也必须抓住这一历史机遇，实现新的发展。故宫博物院应该把自身发展目标，放到历史的长河中和全球化的宏阔背景中，实现更高的定位，塑造科学发展的黄金时期，努力建设具有伟大理想和文化抱负的世界一流博物馆，为中华文化复兴注入故宫博物院的智慧和活力。今天如果决策正确，则可以通过今后数年的努力，使故宫博物院在世界博物馆之林中立于不败之地，甚至可以奠定今后更长时间顺利发展的基础。反之，则可能因为决策失误而付出长期的甚为巨大的代价。这一思考和行动举足轻重，对未来可持续发展意义深远。

在“行”的方面，“平安故宫”是我们提出的奋斗目标，需要通过努力才能使目标实现。“把壮美的紫禁城完整地交给下一个600年”是我们绘制的美好梦想，需要通过实干才能使梦想成真。如果说制定奋斗目标，绘制美好梦想需要花一分气力，那么，实现目标和梦想则需要用九分功夫。一切的关键在于落实，在于是否能将国家对于故宫博物院发展的关怀，转化为强大的执行力量。不落实再好的蓝图只能是一纸空文。用行动宣誓是故宫人的优良传统，用事实说话是故宫人的鲜明品格。回望88年来故宫博物院的发展历程，每一次迎来重要的发展阶段，靠的都是果决勇毅的行动。我们的前辈正是凭着一往无前的奋斗精神，靠着生气勃勃的实干气概，在艰难险阻中开辟出前进的道路。因此，我们今天必须一步一个脚印，稳扎稳打向前走，积小胜为大胜，以踏石留印、抓铁有痕的精神，狠抓每一项具体目标的实现，一鼓作气，善作善成。

总之，故宫博物院发展征途上的每一个环节都充满矛盾，需要进行辩证思考。一方面是发展，一方面是保护；一方面是综合实力的提升，一方面是文化传统的捍卫，只能在这两者之间找到一个经得起历史检验的平衡点，才能实现共同促进，协调发展。在全体故宫人都能够充满希望和乐观，而不是悲观和担忧地面对环境和未来之前，我们没有停滞下来的理由和资本。对于未来发展所面临的迫切需要，故宫博物院完全有能力做出极具创新的贡献。故宫博物院不仅拥有辉煌灿烂的悠久历史，而且也拥有巨大的文化能量。故宫人如果能够有效地发挥自身文化能量，处理好它们之间复杂的关系，那么在未来，就必将惠及来自世界的观众，造福人类的文化需求。特别是 2020 年一步步向我们走来，这是一个极具象征意义的节点。我们有必要也有足够的信心，进一步审视故宫博物院在我国文化复兴时代的意义和价值，塑造我们自身的文化身份，树立健全的文化形象。

在第三届中国教育学会教育家沙龙上的讲话

（2013年12月27日）

今天很高兴第三届中国教育学会教育家沙龙在故宫博物院举办。此次沙龙将探讨的主题是“慕课，究竟能为我国基础教育带来什么”。

“慕课”是新近涌现出来的一种在线课程开发模式，它发端于过去的那种发布资源、学习管理系统以及将学习管理系统与更多的开放网络资源综合起来的旧的课程开发模式。所谓“慕课”(MOOC)，顾名思义，“M”代表Massive(大规模)，与传统课程只有几十个或几百个学生不同，一门慕课课程动辄上万人，最多达16万人；第二个字母“O”代表Open(开放)，以兴趣导向，凡是想学习的，都可以进来学，不分国籍，只需一个邮箱，就可注册参与；第三个字母“O”代表Online(在线)，学习在网上完成，无须旅行，不受时空限制;第四个字母“C”代表Course，就是课程的意思。通俗地说，慕课是大规模的网络开放课程，它是为了增强知识传播而由具有分享和协作精神的个人组织发布的、散布于互联网上的开放课程。

这一大规模在线课程掀起的风暴始于2011年秋天，被誉为“印刷术发明以来教育最大的革新”，呈现“未来教育”的曙光。2012年，被《纽约时报》称为“慕课元年”。慕课的到来，引发了全球学习与教育的革命。凡是想学习的，都可以进来学，不分国籍，不受时间、空间的限制。

故宫博物院很重视信息化管理网络的建设。作为在明、清两代皇宫及其收藏的基础上建立起来的中国综合性博物馆，故宫博物院年接待中外观众超千万人次，为世界各国民众了解中华民族悠久的历史和光辉灿烂的文化艺术、促进我国与世界各国民众的友好关系和文化交流做出不懈努力。为了使身在异地的人们也能欣赏到中华民族的瑰宝，我们还推出了“数字故宫网站”。当然，要将故宫文化内容的展示扩大到世界范围，仅仅通过网站这个窗口来实现是不够的。我今天来参加这次的沙龙，也是想通过在座各位教育界同人的讨论来深入了解“慕课”，想想看“慕课，是否也能为故宫博物院带来什么”。

关于支持故宫研究院重大科研项目的提案①

（2014年）

故宫研究院成立于2013年10月，这是故宫博物院在学术研究领域的一项重要举措，也是博物馆领域的一个尝试。经过近90年的发展，故宫博物院已经发展成为世界著名的博物馆，不但拥有世界上规模最大、保存最完整的古代宫殿建筑群，拥有世界上收藏数量最多、价值最高的中国历代文物，拥有世界上数量最多，文化多元的观众群体，更拥有众多享誉业内外的专家学者。近90年来，经过几代故宫学人的艰苦努力，故宫博物院的学术研究长期保持在较高水平，在国内外博物馆界拥有较高的学术地位，名师大家层出不穷，高质量的学术成果不断涌现，为故宫博物院的业务人员团队养育，以及学术研究打下了坚实而丰厚的基础①。

故宫研究院的成立，既是故宫博物院学术积累的必然结果，同时也是事业发展的迫切需要。经过不懈努力，故宫博物院不但设置了研究室，创办了故宫学研究所，而且先后成立了古陶瓷研究中心、古书画研究中心、古建筑研究中心、藏传佛教研究中心、明清宫廷史研究中心，最近新成立了考古研究所、古文献研究所、明清档案研究所，今年又获得批准建立博士后科研工作站，初步形成了一室、一站、四所、五中心的故宫研究院基本架构。故宫

① 此文为在全国政协十二届二次会议上的提案。

研究院的成立，既整合了故宫博物院已有的学术研究力量，使原本分散的、专业方向单一的研究机构集合起来，形成合力，又根据故宫博物院的学术发展和科研需求，创建了新的科研机构，有利于故宫博物院学术研究体系的合理规划，有利于研究力量的加强和学术水平的提高，同时也有利于不同专业之间的沟通，有利于产生高水平的综合研究成果。

目前，故宫博物院的事业发展迎来了一个新的历史机遇。2013年4月，“平安故宫”工程项目获得国务院批准，明确要求故宫博物院要建设成为“世界一流博物馆”。而顺利实施“平安故宫”工程，需要学术科研的支撑，依赖于高质量的研究水平和研究成果的保障。因此，故宫研究院的工作在一定程度上不同于一般意义的学术研究，它的研究成果可以直接转化为文化遗产保护的实际措施，可以为故宫博物院的藏品研究、科技保护、陈列展览、服务观众、文化传播等各项工作的开展提供支撑服务。

故宫博物院增加观众座椅

对于故宫研究院，人们有两个方面的期待：一是文物与历史的学术研究，揭示文物背后附带的历史文化信息，将学术研究从个体物件上升到文化层面，带动故宫的整体学术研究向深层次发展。另一方面，是前瞻博物馆的未来发展，为博物馆的生存与发展探索出符合实际的前沿理论。为了实现这一使命，故宫研究院尝试新的学术研究管理模式，营造开放式的高端平台，以“学术故宫”为特色，全面实行项目制管理模式。故宫研究院成立以来，呈现出独立的学术精神和包容的学术思想，真正成为专家学者的学术园地，同时为国内外专家学者开展合作性课题研究提供开放平台，在更大的范围内提升学术研究水平，始终走在世界学术研究的最前沿。

故宫研究院的成立，将开展一批新的科学研究项目，例如：一是对故宫博物院藏殷墟甲骨文整理与研究项目，故宫博物院所藏甲骨总数约 23649 片，占世界现存殷墟甲骨总数的 18%，是世界第三大甲骨收藏机构，此项研究将通过公开出版破译这些古老文字。二是故宫藏先秦有铭青铜器研究项目，两岸故宫藏有大量有铭文的青铜器，北京故宫现藏先秦有铭青铜器 1600 件，在世界博物馆中收藏数量最多，而且以长铭重器居多。台北故宫博物院藏有铭文青铜器 440 余件。此次两岸故宫合作，对两千余件青铜器及其铭文做综合考察与研究，写出新的铭文考释，共同探寻祖国早期历史文明的记录。三是故宫博物院收藏有 3.2 万件玉石器，汇集了中华五千年文明的实物资料，包括“良渚文化”“红山文化”“凌家滩文化”等重要出土文物，开展深入研究，将填补对早期文明认识的一些空白。

这些研究工作在学术界具有前沿性和开拓性的特点，对今后文物博物馆界从事大型科研工作的模式亦具有积极的探索意义。为此建议：科技部门对故宫研究院的重大科研项目给予支持，特别是通过国际科技合作的渠道与其他世界著名博物馆进行文物保护的合作研究。